W0172099

1. Auflage 2013

© Conbook Medien GmbH, Meerbusch, 2013
Alle Rechte vorbehalten.

www.conbook-verlag.de   www.heimatbuch.de

In der Reihe »**Heimatbuch**« bisher ebenfalls erschienen:

Berlin	Murat Topal	ISBN 978-3-934918-84-9
Eifel	Hubert vom Venn	ISBN 978-3-934918-95-5
Franken	Mia Pittroff	ISBN 978-3-943176-00-1
Hamburg	Tania Kibermanis	ISBN 978-3-943176-19-3
München	Sarah Hakenberg	ISBN 978-3-934918-91-7
Ostfriesland	I. Lienemann, K. Jakob	ISBN 978-3-934918-87-0
Rheinland	Christian Bartel	ISBN 978-3-934918-89-4
Saarland	Detlev Schönauer	ISBN 978-3-934918-94-8
Schwabenland	Holger Hommel	ISBN 978-3-934918-90-0
Schweiz	Renato Kaiser	ISBN 978-3-943176-35-3
Sylt	Eva Ehley	ISBN 978-3-943176-01-8
Tirol	Ludwig Wolfgang Müller	ISBN 978-3-934918-97-9
Westfalen	Mischa-Sarim Vérollet	ISBN 978-3-934918-93-1
Wien	Buchgraber & Brandl	ISBN 978-3-934918-88-7

Projektleitung und Lektorat: Stephan Ditschke
Einbandgestaltung: David Janik unter Verwendung von Lizenzmaterial
© DoBingo / photocase.com
Satz: Reihs Satzstudio, Lohmar
Druck und Verarbeitung: CPI – Ebner & Spiegel, Ulm

Printed in Germany

ISBN 978-3-943176-40-7

Inhalt

9

Eine kurze Vorbemerkung

Willkommen zu einer Entdeckungsreise ins Herz des Ruhrgebiets: den Ruhrpott! Alle Personen in dieser Geschichte, die zwischen Dortmund und Duisburg spielt, sind frei erfunden. Sollte Ihnen im Verlauf der Geschichte ein Ich-Erzähler begegnen, der Frank Klötgen heißt und viele Gemeinsamkeiten mit meiner Biografie aufweist, verwechseln Sie diese Person auf keinen Fall mit mir! In Wahrheit ist der beschriebene Autor rund fünf Jahre jünger als ich. Hätten Sie gar nicht bemerkt? Das schmeichelt mir.

Aber mein Freund Thomas führt ganz sicher keine Pension in Wattenscheid, meine Eltern fahren donnerstags kein Rad und die Namen der Familie Stevens wurden mir so von Google vorgeschlagen.

Falls Sie das noch nicht überzeugt hat: Natürlich spielt Olaf Thon auch nicht mehr bei Schalke. So weit also die Fiktion.

Alle beschriebenen Tipps und Empfehlungen dürfen Sie hingegen wie beschrieben für bare Münze nehmen und bei Ihrem nächsten Besuch im Pott nachempfinden!

Viel Spaß dabei wünscht Ihnen

Frank Klötgen

P.S.: Keine Bange vor der Sprache des Potts! Klümpkes, Plörre, Möllerbunker, Kohlenwäsche, Kokerei? Alle verwendeten Begriffe aus Wortschatz und Arbeitsleben an der Ruhr werden am Ende des Buches erläutert.

Wer schreibt, der bleibt

Prolog

Es beginnt mit einer Facebook-Statusmeldung. Ich habe sie gerade erst in die Tiefen der virtuellen Welt versenkt, schon klingelt das Telefon. Ein Freund aus analogen Zeiten, mein alter Kumpel Thomas.

»Der Herr hat also inzwischen 100 Berlin-Gedichte geschrieben! Na, was soll man dazu sagen?«

»Ich weiß nicht, die meisten überlegen sich das, bevor sie anrufen.«

»Mann, du bist Essener, kein Berliner. Und überhaupt: Berlin …!«

Ah, verstehe: Der frischgebackene Besitzer einer neu eröffneten Pension im Herzen des Ruhrgebiets sucht nach einem Mitspieler für das obligatorische Hauptstadt-Bashing. Nicht schon wieder. Was versprechen sich eigentlich die Leute davon? Aber gut: »Die nächsten 100 Gedichte werden natürlich dem Pott gewidmet.«

»Zeit wird's. Dann verkaufst du vielleicht auch mal ein paar Bücher.«

»Kommt ganz darauf an, wie viele *du* mir dann abkaufen würdest …«

»Papperlapapp. Das Ruhrgebiet ist groß im Kommen! Was meinst du, wer hier alles bei uns Urlaub macht? Europäische Kulturhauptstadt und so – der Laden ist permanent ausgebucht.«

»Das mit der Kulturhauptstadt ist jetzt aber auch schon was her …«

»Du kriegst da oben doch gar nicht mit, was hier abgeht!«

»Ja, da gibt es in Berlin jetzt 'ne Nachrichtensperre, um die Abwanderung zu stoppen.«

Thomas seufzt. »Du bist einfach nicht mehr auf dem Laufenden, was in deiner alten Heimat passiert. 'ne Schande is' das! 100 Berlin-Gedichte, dass ich nicht lache …«

Jetzt seufze ich. Dann fällt mir ein, dass ich Thomas ohnehin anrufen wollte: »Mal was anderes: Was kostet eigentlich 'ne Nacht bei euch?«

»Ein Gedicht«, kläfft er patzig.

»Wegen Marcs Einweihungsparty, nächstes Wochenende …«

»Klar. Komm vorbei!«

»Wollte vielleicht was länger bleiben, Eltern besuchen, und natürlich auch Kulturhauptstadtreste gucken und so.«

»Ein Gedicht pro Übernachtung mit Frühstück.«

»Ernsthaft?«

»Aber kein Grönemeyer!«

»Okay – nein: super! Und ich hatte schon befürchtet, ihr könntet permanent ausgebucht sein …?«

»Schnauze, ja?«

Wunderbar. Mein Heimaturlaub wäre also eingetütet. Direkt in den Gemächern der pöttischen Inquisition. Und noch ahne ich gar nicht, auf was ich mich da eingelassen habe …

Wohin soll die Reise gehen?
Vom Kohlenpott zur Metropole Ruhr

Mein Einstieg gerät zu einem Hineinplumpsen. Die Bahn hat mich mit verlässlicher Unpünktlichkeit in Hagen abgesetzt und gewährt mir so einige Minuten der inneren Einkehr, bevor der nächste Zug gen Wattenscheid losfährt. Der Hagener Bahnhofsvorplatz wird – wie so oft in leidlich bedeutsamen Großstädten – von einem anmaßenden Omnibus-Terminal in Stahl-Stahl-Optik dominiert. Irgendwo muss man ja Boden gutmachen.

»Komm nach Hagen, werde Popstar!«, hieß es zu Zeiten der Neuen Deutschen Welle. Das würde wohl selbst die engagierteste Mitarbeiterin der hiesigen Tourismus-Information so nicht mehr unterschreiben wollen, obwohl diesbezüglich ja momentan wesentlich unwahrscheinlichere Wege im Fernsehen feilgeboten werden. Die Frage ist vielmehr, wer überhaupt noch so in Hagen vorbeischaut.

Neben den verklungenen Verheißungen der NDW bleiben der Stadt noch das Freilichtmuseum und die Fern-Uni. Aber es untermauert per se nicht gerade den Ruf einer attraktiven Stadt, wenn man seinen Studierenden ermöglicht, sie gar nicht erst aufsuchen zu müssen. Und die Demonstrationen alten Handwerks im Hagener Freilichtmuseum hat jeder Pötter bereits zu Schulzeiten in Überdosen verabreicht bekommen. Ob die Strahlkraft solcher Highlights über die Nachbarstädte hinausreicht, frage ich mich, und: Gehört Hagen eigentlich bereits zum Ruhrgebiet?

Reviereinteilung:
Der Pott und sein Tellerrand

Proletarisch genug kommt die Stadt in jedem Fall daher, der Fluss ist nicht weit und Hagen zählt in der Tat zu den 53 Städten des Regionalverbands Ruhr, die im Rahmen von *RUHR.2010 – Kulturhauptstadt Europas* penetrant zum Ruhrgebiet erklärt wurden.

Aber so wenig das Ruhrgebiet eine Stadt ist, so seltsam muss jedem halbwegs Eingesessenen die Liste ebendieser 53 Städte erscheinen. Vermutlich haben die Einwohner von Alpen und Bönen nie davon erfahren, dass auch sie für die eventgemäße Auffüllung eines Kulturhauptstadtjahres rekrutiert worden waren. Aber 53 Aktionswochen sind eine Plan-Vorgabe, für die auch Unbeteiligte kurz die

Bergmann-Kluft überstreifen müssen. Und so erfuhren die Gelsenkirchener und Bochumer plötzlich von einer Verwandtschaft in Datteln, Selm und Breckerfeld. Bei dieser Gelegenheit wurde 2010 dann auch die Bezeichnung »Metropole Ruhr« ins Rennen geschickt – und die Verwendung von »Ruhrgebiet« oder »Ruhrpott« mit der Akribie eines Orwellschen Informationsministeriums aus allen Schriftstücken eliminiert.

Mittlerweile dürfte da mehr Gelassenheit vorherrschen, und ich wage die Behauptung, dass die »Metropole Ruhr« jenseits der offiziellen Lokalpolitik-Kader bereits jetzt zum Abschuss freigegeben ist. Die Xantener und Neukirchen-Vluyner werden vermutlich aufatmen.

Aber wo liegt es denn nun, dieses entmetropolisierte Ruhrgebiet? Leider tut uns der namensgebende Fluss nicht den Gefallen, diesbezüglich für Klarheit zu sorgen. Die Ruhr entert nach einer Landpartie durchs Sauerland irgendwo bei Witten jene Zone, die man intuitiv zum Ruhrgebiet zählen würde. Dann dümpelt sie am unteren Rand von Bochum und Essen entlang und ergießt sich nach 230 Kilometern in Duisburg-Ruhrort in Gevatter Rhein. Auf diesem Weg würdigt sie Gelsenkirchen, Oberhausen oder Herne keines einzigen Ufers.

Trotzdem wird man gerade in jenen Städten auf bekennende Ruhrpötter treffen. Das bietet sich auch an, weil deren Einwohner gegen die landläufige Meinung keinerlei Chance hätten: Ihr seid Pott! Wen interessiert, wo dieser seltsame Fluss entlangfließt?

Duisburg und Dortmund haben schon öfter Gelder ver-
pulvert, um den Rest der Republik Glauben zu machen, sie
wären die Metropole des Niederrheins beziehungsweise
das Tor nach Westfalen. Der Rest der Republik wird das als
einen schönen Quatsch wahrgenommen haben: Ihr seid
Pott! Auch das brave Mülheim an der Ruhr darf seine Ambitionen begraben, irgendwann einmal von Bayern adop-
tiert zu werden.

Ja, es bleibt mysteriös: Zu manchen Ereignissen, zum Beispiel anlässlich der IBA oder der RUHR.2010, kritzeln selbst
entfernte Vettern mit stolzgeschwellter Brust »Ruhrpottkanacke« unter ihr Namensschild – und dann gibt es wieder die rührigen Versuche, zu beweisen, doch etwas Besseres zu sein.

Letztere Ambitionen wurden über die Jahre allerdings
immer kleinlauter. Das mag den klammen Etats der Stadt-
marketingabteilungen geschuldet sein, könnte aber auch
in der Heimeligkeit des Zusammenhalts begründet sein,
den man im Schein der notorischen Lichtinstallationen vor
der Kulisse umgewidmeter Industriebauten verspürt hat.
Ruhrgebiet zu sein, das ist nicht mehr so schlimm. Selbst
die unbewegliche Großtante aus Tübingen hat darüber
Interessantes gelesen und erwägt, irgendwann einmal eine
Reise ins Revier zu unternehmen. Dazu muss man nicht
einmal die lauschigen Ebenen des Niederrheins oder die
bäuerliche Idylle Westfalens eingemeinden.

Nein, Hagen gehört wohl noch nicht dazu. Das Ruhrgebiet ist ein Gefühl des Mittendrins, das mal als »Revier«, mal als »Kohlenpott« der klaren Eingrenzung ent-
wischt. An den Rändern wird man immer auf Oasen
treffen, wo in 150 Jahren Montanindustrie etwas pöttige
Ruhr auf die unschuldige Nachbarschaft geschwappt ist.
So wie in Hagen.

Aber meistens gibt es diese Farbflecken (auch wenn
hier das Wort »Grauflecken« besser passen würde) in
groß und über volle Länge auch in den Paradestädten
des Potts. Und meistens gibt es eine Regionalbahn, die
einen schnell dorthin bringt. Heute lässt sie auf sich
warten.

Hagen-Vorhalle, Wetter, Witten, Bochum und Wattenscheid heißen die Haltepunkte der Ruhr-Lenne-
Bahn auf ihrem Weg von Hagen nach Essen. Das for-
dert natürlich den Dichter in mir heraus. Zum einen,
von jedem Vorhölle-Wortwitz abzusehen, den man sich
in Hagen-Vorhalle mit Sicherheit jeden zweiten Tag
anhören muss. Zum anderen drängt sich die ratternde
Alliterationshäufung der Städtenamen geradezu auf. Als
ich in Wattenscheid den Zug verlasse, habe ich einen
Zettel mit einem Vierzeiler in meinem Portemonnaie.
Kein großes Ding. Aber als Anzahlung für die erste
Nacht könnte es durchgehen.

»Da ham Se aber Glück!«, mahnt mich der Taxifahrer an.
»Normalerweise hätt' ich um die Uhrzeit schon Feierabend gemacht.«

Thomas hat zwar ausführlich erklärt, wie seine Pension vom Bahnhof aus fußläufig zu erreichen sei, aber seine Umschreibungen mit allerlei »Da musse nur« und »Dann gehs'e einfach« haben mich stutzig gemacht.

»Normalerweise steh ich nich' am Bahnhof. Auch die Kollegen nich' – is' sons' nie einer hier. Ham Se Glück!«

»Ja, da wäre ich schön aufgeschmissen gewesen. Mit dem ganzen Gepäck«, pflichte ich dem Mann bei, um zu demonstrieren, dass mir sehr wohl bewusst ist, an einem ganz außergewöhnlichen Ereignis teilzuhaben und dafür äußerst dankbar zu sein.

»Ich sach ja, ham Se wirklich Glück gehabt. Hier in Wattenscheid steigt ja kaum einer aus ... So, da wär'n wa auch schon!«

Thomas hatte mit der Fußläufigkeit nicht übertrieben. Schuldbewusst schaue ich den Taxifahrer an: »Ach, das war ja nicht weit ... Tut mir leid.«

Der Fahrer winkt ergeben ab.

»Ich hab' schließlich Beförderungspflicht. Gepäck bekomm' Se alleine raus?«, fragt er, ohne im Geringsten schnippisch zu klingen. Der Mann kommt von hier.

»Geht wohl noch. Schön'n Feierabend!«

Die Pension, in die sich Thomas eingeerbt hat, ist ein schmuckloser Nachkriegsbau, Reihenhaus, zweigeschossig.

Wie bei den meisten Häusern im Ruhrgebiet begnügt sich der architektonische Feinschliff mit dem Kriterium »Muss halt stehen bleiben«. »Gibt Schlimmeres!« ist in diesem Landstrich ein ehrliches Kompliment und zugleich Lob dafür, darauf verzichtet zu haben, unnötigen Wind zu fabrizieren.

Thomas hatte mir noch eine SMS mit dem Versteck geschickt, wo ich den Schlüssel finden würde, wenn ich später als 23 Uhr eintrudeln sollte. Es ist erst zehn vor elf, aber man kann dem Blumentopf auf dem Sims rechts neben der Tür ansehen, dass seine Standfestigkeit von einem unter ihm deponierten Gegenstand beeinträchtigt wurde. Auch das passt zum Ruhrgebiet: Für solche Zwecke das naheliegendste aller Verstecke zu wählen. Keine Eskapaden. Und mir passt es, Thomas meinen Verlegenheitsvers nicht persönlich überreichen zu müssen.

Ich schiebe den Zettel mit dem Gedicht in den Briefkastenschlitz, den Thomas mit seiner Visitenkarte beklebt hat. Es wundert mich selbst, wie gut ich danach einschlafe.

Vorschlag für eine bahnsteigstimmungshebende Abfahrtshymne der Ruhr-Lenne-Bahn

(Fahrtrichtung Hagen / Essen;
zu singen und zu pfeifen vom diensthabenden Schaffner
nach der Melodie von *Ute, Schnute, Kasimir*)

Unser Zug – steht bereit
über Wetter, Witten, Wattenscheid.
Steig'n Se ein – es ist Zeit!
Ab nach Wetter, Witten, Wattenscheid!

Die Welt zu Gast bei Kumpels

Tourismus im Revier

Rrrtzsch! Mit einem kurzen Ruck und der Brutalität eines Meuchelmörders schiebt jemand den Vorhang beiseite. Ich blinzele ungläubig in die geöffnete Bauchdecke eines neuen Tags. Und erkenne Thomas neben dem Fenster.

»Gut geschlafen?«, fragt er heuchlerisch.

Ich antworte mit einer Symphonie aus Ächz-Lauten und Seufzern.

»Prima. Frühstück wartet!«

Thomas streift mit selbstgefälligem Grinsen durch das Zimmer und begutachtet das über den Schreibtisch verteilte Sammelsurium meines Tascheninhalts. »Neues Handy?«

»Wie viel Uhr haben wir überhaupt?«

»Viertel vor acht.«

»Alter …! Das meinst du doch wohl nicht …«

Thomas grätscht mir in die Beschwerde: »Spät genug! Unser Herr Dichter soll doch ausreichend Zeit haben, um sich inspirieren zu lassen!«

Er pfeift die Melodie von *Ute, Schnute, Kasimir*, während er vortäuscht, das Inventar der Kochnische auf Vollständigkeit zu überprüfen.

»Hat dir das Gedicht gefallen?«

»Dem Altpapiercontainer wird's gefallen, denke ich.«

»Ist mir halt so in den Sinn gekommen …«

Thomas grinst. »Ja, tolles Ding … Hast du vielleicht Interesse, dir die letzte Nacht auf anderem Wege zu verdienen?«

»Das war keine volle Nacht!«, protestiere ich, während Thomas ins Bad verschwindet.

Sie ham uns grade noch gefehlt!
Gastfreundschaft im Pott

Jetzt gibt es sie also wirklich: Touristen im Pott! Skeptisch betrachtet von den Einheimischen. Hatten die 'ne Panne oder sind die alle freiwillig hier? Bislang waren es vor allem Messebesucher und Arbeiter auf Montage, die sich in den dürftigen Herbergen des Ruhrgebiets einnisteten. Im Pott machte man nur Halt, wenn jemand aus der dortigen Verwandtschaft beerdigt werden musste. Keine Königshäuser haben hier sehenswürdige Spuren hinterlassen, keine nennenswerten Altertümer blieben der Nachwelt erhalten und die altstädtische Bausubstanz wurde weggebombt oder munter hinfortsaniert. Universitäten haben hier den ästhetischen Charme misslungener Parkhäuser. Jahrelang hat man sich darauf eingeschworen, seine Region anzupreisen mit: »Hier isset viel grüner als wie man denkt!« Bis jeder Interessierte feststellte, dass man sich eine Reise ins Revier allein wegen des – dann ja doch nicht so üppigen – Grüns getrost schenken kann.

Und nun kommen die Touristen, um sich olle Hallen und Halden anzuschauen, wo irgendso'n Künstler 'ne Eisenplatte oder 'nen Scheinwerfer hingepflanzt hat. Die spinnen doch, die … Ja, wo kommen die denn eigentlich alle her? Im Rekordjahr 2010 verzeichnete die Tourismusbranche 6,5 Millionen Übernachtungen – darunter 500.000 Gäste aus dem Ausland, vornehmlich aus den Niederlanden und Großbritannien. Mit 2,2 Millionen Besuchern war die Zeche Zollverein in Essen der größte Besuchermagnet.

Nun ist eine günstige Innenstadtlage nicht das maßgebliche Kriterium bei der Standortsuche für einen Hochofen oder eine Zeche. Der Reisende in Sachen Industriekultur muss sich dementsprechend auf lange Wege einrichten. Auch die Top-Sehenswürdigkeiten des Ruhrgebiets sind nicht völlig umstandslos zu erreichen – Leuten, die früher dort hingingen, hat man dafür immerhin Lohn gezahlt.

Es gibt rund 90 Wahrzeichen des vergangenen Industriezeitalters, die nunmehr zur Besichtigung hergerichtet sind. Dazu kommen die üblichen Sehenswürdigkeiten städtischen Lebens wie Museen, Kirchen, Parks und Zoos.

Da verliert man schnell die Übersicht. Um dem Abhilfe zu schaffen, hat man das Ruhrgebiet 2010 in fünf Erlebnisareale eingeteilt, die in den Portalstädten Duisburg, Oberhausen, Essen, Bochum und Dortmund von Visitor-Centern betreut werden. Wer sich von Begriffen und Schreibweisen wie »RUHR.Infolounge« oder der stark bemühten Klassifizierung der einzelnen Erlebnisareale als »Kunst & Kreativität RUHR« (Essen) oder »RUHR kreativ« (Dortmund) nicht abschrecken lässt, findet dort ausreichend Material und landestypische Beratung für einen ausgefüllten Tag. Außerdem sind die RUHR.VISITORCENTER bereits in oder sehr nah an einigen der wichtigsten touristischen Attraktionen untergebracht.

RUHR.VISITORCENTER Essen

Kohlenwäsche, Schacht XII, Gebäude A14
Gelsenkirchener Straße 181, 45309 Essen

RUHR.VISITORCENTER Bochum

Deutsches Bergbau-Museum
Am Bergbaumuseum 28, 44791 Bochum

RUHR.VISITORCENTER Dortmund

Dortmunder U (Nordflügel Verwaltungsgebäude)
Leonie-Reygers-Terrasse 2, 44137 Dortmund

RUHR.VISITORCENTER Duisburg

CityPalais
Königstraße 39, 47051 Duisburg

RUHR.VISITORCENTER Oberhausen

CentrO/Neue Mitte

Platz der Guten Hoffnung, Promenade 77,

46047 Oberhausen

Einen anderen Anhaltspunkt für die Reiseplanung bietet die **Route der Industriekultur** (*www.route-industriekultur.de*), die den Besucher über 400 Straßenkilometer zu den Highlights der Industriehistorie führt. Das sind in diesem Fall 25 Ankerpunkte der Industriekultur, die 13 schönsten Siedlungen sowie 16 Panoramen der Industrielandschaft. Die Route erstreckt sich zwischen Kamp-Lintfort und Hamm und lässt sich auch über einen 800 Kilometer langen Radweg abarbeiten. Eine kompaktere Variante bietet das Wegenetz des Emscher Landschaftsparks, der sich als zentraler Park der Metropole Ruhr bezeichnet und die Kernregion des Potts zwischen Duisburg und Dortmund abdeckt (*www.emscherlandschaftspark.de*).

Weiterführendes und Detailliertes ist über die Informationsstelle RUHR.TOURISMUS zu erfahren (*www.ruhr-tourismus.de*).

Aber der Besucher des Ruhrgebiets darf ebenso sicher sein, an jedem Bahnhof auf freundliche Ureinwohner zu treffen, die eine Frage nach dem Weg mit Geduld und Zeit beantworten, zur Not auch unter Einbindung etlicher anderer Passanten. Denn die Leute im Pott freuen sich über Besucher und sind umso stolzer, je weiter deren Anreiseweg war. Die Einteilung in Sauf-, Billig- und Party-Touristen ist (noch) nicht üblich und ein easyJet-Flugticket sorgt für keinerlei Vorbehalte.

Also, liebe schnatternde Spanier, herumirrende Italiener und krakeelende Briten – mag ganz Berlin Euch schon Hausverbot erteilt haben, im Pott seid Ihr willkommen! Und die Menschen dort sind so genügsam, dass man große Probleme haben wird, ihnen irgendwie auf die Nerven zu gehen.

»Es gibt da nämlich ein Problem mit meinen Holländern ...«, ruft Thomas mir aus dem Off zu.

»Welche Holländer?« Ach, das wird heute nix mehr mit dem Schlafen! Resigniert schäle ich mich aus dem Bett und greife nach meinen Klamotten.

»Gäste. Die Grachtenscheißer kommen jetzt alle ganz gern hier rüber zum Urlaubmachen. Sind ja auch keine schlechten Menschen. Meine Holländer jedenfalls nicht.«

Gastfreundschaft im Pott –
Exkurs: Die Holländer

Irgendwann muss irgendetwas gewaltig schiefgelaufen sein zwischen den Stämmen der Grubenzwerge und der Windmühlenleute. Was auch immer es war, es hat zu einem für die Ewigkeit gemachten Argwohn geführt. Den kennt

man zwar auch im Rest der Republik, vor allem unter Fußballfreunden – im Revier aber scheint es gerade der Fußball zu sein, der zeitweise einen zarten Brückenschlag
zwischen Schacht und Gracht ermöglicht. Die Ehrenbür-
gerschaft von Willi »Ente« Lippens oder Youri Mulder
würde wohl von jedem Pottkicker abgenickt werden (sofern dieser nicht zu stark vom Hass auf die Vereine befan-
gen ist, die diese Herren einst beschäftigt haben).

Nein, die Missgunst zwischen diesen doch durch und
durch freundlichen und unprätentiösen Völkern sitzt einige Etagen tiefer. Vielleicht, weil man den jeweils anderen
nur als einfallende Horde kennt. So wie die Weihnachts-
märkte des Potts von alkoholisierten Niederländern leer
getrunken werden, überschwemmen die Kaffeefahrten-
Schnäppchenjäger und Jungkiffer des Ruhrgebiets den
kleinen Nachbarstaat. Dank der verwaisten Grenzanlagen
hält sich anscheinend das Bewusstsein, auf der jeweils anderen Seite ließe sich das auf der Fahrt verbrauchte Benzin
durch günstigere Angebote gleich tausendfach vergolden.
Im Ruhrgebiet wurde dieser Glaube jahrelang via Anzei-
gen gestärkt, mit denen der Großsupermarkt Die 2 Brüder
von Venlo jedes Wochenende in den Tageszeitungen auf-
wartete.

Auch die geografischen Gegebenheiten der beiden Länder bedingen jahreszeitliche Völkerwanderungen. So badet
mal das komplette Ruhrgebiet am Strand von Zandvoort,
mal zieht sich die Warteschlange von Winterbergs Skilift-
anlagen bis in den Pott.

Man kennt sich also gut. Und benimmt sich gerne schlecht im jeweiligen Nachbarland. Warum auch immer: Man wird sich nicht recht warm, aber macht miteinander Geschäfte. Und ist dabei oftmals unfreundlicher als zu anderen Kunden.

Mehr Lob kann man von einem wie Thomas nicht erwarten. Er ist Profi darin, vermeintliche Eigenschaften und Wesenszüge der Menschen aus dem nahen Nachbarland in bitterbösen Schimpftiraden auszuformulieren. Eine auch nur annähernd positive Aussage zu Niederländern aus Thomas' Mund schien mir bislang ein Ding der Unmöglichkeit. Und dass, obwohl er sich null für Fußball interessiert. Vielleicht zählt das auch schon zum Strukturwandel im Ruhrgebiet.

»Die drei wollten jedenfalls schon gestern nach Zollverein. Hab' ihnen auch haarklein erklärt, wie sie da hinkommen!«

Seufz. Ich erinnere mich an Thomas' Wegbeschreibungen.

»Und was machen die Dösköppe?«, Thomas kommt aus dem Badezimmer zurück, meine Zahnbürste liebevoll mit etwas Paste belegt. »Schmeißen auf'm Weg ihr beklopptes iPhone an! Da steht dann was von wegen beste Verbindung über Duisburg. Duisburg! Bis dahin gilt natürlich ihre scheiß Tageskarte nicht – und schwupps: 120 Euro weg! Sind se gestern ganz aufgelöst hier angekommen und verstehen die Welt nicht mehr.«

»Hm«, brumme ich, die Zahnbürste im Mund.

»Jetzt hab' ich gesagt: Komm, ich fahr mit euch da morgen hin! Hab' aber vergessen, dass der Klempner heut' wegen der Küche ...«

Ich wehre kopfschüttelnd ab, wohl ahnend, worauf die Geschichte hinausläuft.

»Die brauchen nur so 'ne Art ÖPNV-Babysitter, sonst kommen die klar! Sind beide Deutschlehrer. Selbst ihre Tochter spricht besser Deutsch als ich. Und du kennst doch das neue Zollverein noch gar nicht. Ruhr Museum und so. Inspiration pur, sach ich dir! Da schreibst du gleich drei Gedichte in einem Rutsch weg. Außerdem schuldest du mir 'ne Nacht.«

Ich spucke den Schaum aus und maule: »Ich will jetzt erst mal frühstücken!«

»Hab' ich dir alles eingepackt. Komm, die warten!«

Gefühlte zwei Sekunden später spurte ich Richtung Bahnhof, eskortiert von Margret und Wim Stevens, im Schlepptau ihre 17-jährige Tochter Enie, die sich unserem Schritttempo mit stetigen Verzögerungen widersetzt und die Geduld ihrer Eltern auf die Probe stellt. Die Tochter ist in einem schwierigen Alter, wenn es darum gehen soll, einen gemeinsamen Urlaub als tolle Sache zu empfinden. Noch dazu im Ruhrgebiet, in Spuckweite zur holländischen Grenze.

»Enie hat in diesem Jahr Probleme in der Schule gehabt und einige Klausuren versemmelt«, erklärt mir Wim. »Da haben wir uns entschlossen, sie auf andere

Gedanken zu bringen. Mit einer«, Wim holt hörbar zu einer Art Witz aus, »Tour de Ruhr!«

Margret und Wim lachen.

Enie vergräbt die Ohrstöpsel ihres MP3-Players in der wuscheligen Eighties-Haarpracht. Ich erinnere mich an solche Situationen und verstehe alles.

Auf Urlaub

Ich sehe was, was du nicht siehst, und das ist: grau.
Das Haus dort am See? Nö. Die Berge? Genau!
Außerdem noch: Die Wiese, der gestrige Stau,
Die Kühe, die Sonne, der See – alles grau!

Ich sehe was, was du nicht siehst, und das ist: bunt.
Ja, Kerl, dat is' Käse – du lügst doch, du Hund!
(Wir steh'n vorm erloschenen Hochofenschlund)
Dies metallisch Mattgraue, dies gräuliche Schwatt
Der düstere Himmel, die hässliche Stadt
Von hier oben ins schwärzliche Nichts zu seh'n und
Sich dran zu erfreuen, na, das nenn ich: bunt.

Schwer auf Achse

Städte ohne Grenzen
und die Nahverkehrsregeln des Potts

S ie studieren in Berlin?«
Familienvater Wim scheint es nicht möglich, in mir
den Altersgenossen zu erkennen.

»Ja, ich komme jetzt ins 42. Semester!«, hätte ich ant-
worten sollen, entgegne aber stattdessen: »Ich bin Dichter.«

»Dichter, das ist ja 'ne Wucht!«, ruft Wim mit einer
mir nicht unvertrauten Heuchel-Euphorie. »Enie, hast
du gehört? Der Herr Klötgen ist ein Dichter!«

Enie schaut kurz auf und nickt. Damit wäre also auch
das geklärt. Ich bezweifle, dass diese Information ihre
Vorfreude auf den bevorstehenden Ausflug steigern kann.
So sich die Auskunft ihres Vaters überhaupt an den Bot-
schaften von The Killers vorbei in Enies Bewusstsein
vorbeizwängen konnte. *Somebody Told Me* brüllt sich
als akustischer Kollateralschaden in einem verdünnten

Soundteppich aus den Kopfhörern hervor. Zumindest ein Song aus der guten Zeit der Band.

Ich ziehe uns ein Gruppentagesticket der Preisstufe B, freue mich über die kostenlose ÖPNV-Adoption in die Familie Stevens, dann stürmen wir die Treppen zum Gleis hinauf und erreichen gerade noch rechtzeitig den bereits in den Bahnhof eingefahrenen Regionalexpress. Pneumatisches Schnaufen der Türen, allgemeines Aufatmen. Geschafft.

Strecke machen!

So gerne sich die Metropole Ruhr nach außen als kompakte Einheit präsentiert, im Inneren der öffentlichen Verkehrsmittel merkt dann doch schnell, dass jede Stadt ihr eigenes Netz von rotierenden Straßenbahnen und Bussen unterhält, das sich nur wenige Ausreißer über die Stadtgrenzen hinaus erlaubt.

Die Lebensadern des innerpöttischen Verkehrs sind daher die S-Bahn-Linien sowie die regelmäßig überfüllten Regionalbahnen. Doch Obacht: Es gibt eine seltsame Aufteilung in Zonen und entsprechende Preisstufen, die eine vorausschauende Planung des Tages erfordert, damit man zum günstigsten Tarif zwischen den Städten pendeln kann. Einen äquivalenten Nachfolger des im Kulturhauptstadtjahr angebotenen, besucherfreundlichen, 48 Stunden gültigen RUHR.2010-Tickets gibt es leider nicht. Bevor man nun die möglichen Preismodelle von Einzel-, Vierer- und Tageskarten berechnet, darf man folgende Regel zur Abkürzung heranziehen: Bereits für ein Pärchen ist ab einer Hin- und Rückfahrt zwischen zwei Städten das – für bis zu fünf Personen gültige – Gruppentagesticket immer die günstigste Variante.

Wir erobern einen eben frei gewordenen Vierersitz. Schon ist der misslungene Trip vom Vortag Thema.

»Wie die Tiere sind diese Kontrolleure über uns hergefallen«, beklagt sich Margret. »Das schadet doch der ganzen Region, wenn solche Menschen auf Touristen losgelassen werden. Die haben uns überhaupt nicht zugehört, richtig unverschämt sind die geworden!« So was habe sie noch nicht erlebt. »Dabei hat Wim ganz sicher alles korrekt in die App eingegeben – das haben wir denen sogar gezeigt!«

»Ja, das war wahrscheinlich der Fehler. Vielleicht hätten die sich sonst noch irgendwie erweichen lassen … Kann gut sein, dass die Leute hier eher allergisch auf so einen Handykram reagieren.«

»Aber man konnte auf dem Display sehen, dass wir recht hatten!«

»Ist hier einfach nicht die typische App-Region, wissen Sie?«

Enie lacht kurz auf. Sie scheint die Musik wesentlich leiser eingestellt zu haben, als es den Eindruck macht. Dann müssen wir die gerade eroberte Bahn auch schon wieder verlassen. Der Wechsel zwischen den Städten ist eine Sekundenangelegenheit. Sechs Minuten, und wir sind in Essen.

»Ach, so fix geht das?«, fragt Wim etwas schuldbewusst.

»Und du hast hier gestern erst dein Handy angemacht!«, sagt Enie hämisch. »Ich hab's gleich gesagt!«

»Aber wir sind doch gerade erst aus Wattenscheid rausgefahren! Wo war denn da die Stadtgrenze?«

»Tut mir leid, da muss ich passen! Die lässt sich im Ruhrgebiet mitunter gar nicht ausmachen.«

»Oh, das möchte ich jetzt aber wissen …«, murmelt Wim, während er umständlich einen Falkplan entfaltet.

Ich könnte noch anfügen, dass es neben den realen noch einige gefühlte Stadtgrenzen im Ruhrgebiet gibt. Hierzu zählen zum Beispiel die Grenzen von Wattenscheid.

Menschen wie Thomas weigern sich beharrlich zu akzeptieren, dass die Stadt Wattenscheid bereits 1975 von Bochum eingemeindet wurde. Sie wohnen weiterhin in Wattenscheid, fahren ab und an mal nach Bochum und wünschen sich zu Weihnachten ein Exemplar der seit Dezember 2012 wieder angebotenen »WAT«-Kfz-Kennzeichen. Selbst die Bundesbahn spielt mit und nennt den Bahnhof schlicht »Wattenscheid«. Gleiches Spiel mit Wanne-Eickel – wobei einem der eigentliche Name Herne-Wanne-Eickel sicherlich noch seltener begegnen wird als Bochum-Wattenscheid. Und wo dann wiederum die Grenze zwischen Bochum und Herne verlaufen soll … vergessen wir das! Da müsste man von Haustür zu Haustür gehen und nachfragen.

Eingemeindungsblues des Westens

Am WAT-Car prangt ein kaltes BO,
Wat will'se machen – is' halt so!

In Wanne sagt man »I like Herne«
Eickelig ja nich' so gerne,

Und an dem schönen Kettwig
Fraß Essen dick und fett sich.

Vielleicht sagt bald wer: »Alles meins!«
Uns isset dann wohl eh längst eins.

Aber Wim widmet seinen ganzen Ehrgeiz dem Stadt-grenzen-Problem und stapft mitsamt Stadtplan zum EVAG-Schalter der Bahn. Und das so früh am Morgen! Umso erstaunter bin ich, zu beobachten, dass sich eine zweite Mitarbeiterin zu dem Schalter begibt, um ihre Kollegin bei der Angelegenheit zu unterstützen. Wenig später kehrt Wim zurück.

»Die wissen das nicht. Haben gesagt, es wäre auch egal, weil alles Preisstufe B sei. Was ist denn das für eine Antwort?«

Die einzig vernünftige, scheint mir.

»Und Wattenscheid, sagen sie, gebe es ja seit Jahren schon nicht mehr. Die spinnen doch!«

Ja, so ein bisschen spinnen sie hier alle. Jeder weiß genau, wo er zu Hause ist. Aber wenn er am anderen Ende der Stadt über die Grenze hinausfährt, benötigt er vielleicht zwei, drei weitere Städte, bevor er dies bemerkt. Und dafür muss er mancherorts nicht einmal besonders weit fahren.

Das kleine ABCD des Nahverkehrs

Es gibt zweierlei Typ Mensch im Ruhrgebiet: Jene Pötter, die das Prinzip des öffentlichen Nahverkehrs professionell verinnerlicht haben, und jene, die bei dem Gedanken, für einen Museumsbesuch in der Nachbarstadt die S-Bahn besteigen zu müssen, lieber noch einmal nachschauen, ob man nicht auch in der eigenen Stadt glücklich wird. Die Grauzone dazwischen wurde vom unerbittlichen Jargon der Verkehrsbetriebe ausgelöscht:

»Preisstufe B: Mit ihr erreichen Sie in der Regel Ihre Nachbartarifgebiete, oft kommen Sie sogar noch weiter.« – Ein zusätzlich eingestreutes »vielleicht« oder »mit ganz viel Glück« würde diese Erklärung nur unwesentlich verwässern. Gänzlich unberührt von der Preisstufenproblematik kann man sich allerdings zwischen den Ruhrgebietsstädten nicht fortbewegen. So bedient ein Regionalexpress von

Dortmund nach Duisburg in 37 Minuten Fahrtzeit mit fünf Haltepunkten bereits das komplette Preisstufenangebot von A bis D (je nachdem, zwischen welchen Stationen man Fahrgast ist). Die vom Süden durch den Pott tuckernde S3 hingegen hält über die Gesamtfahrtdauer von 38 Minuten in fünf verschiedenen Städten, die man allesamt mit der Preisstufe B bereisen darf. Das läuft dann wohl unter »oft kommen Sie sogar noch weiter«.

Werfen wir noch einmal einen Blick auf die Erklärung der Preisstufe C – auch hier lohnt es sich für Nachwuchskomödianten, aufmerksam zu sein: »Sie gilt in zwei – nach Ihrem persönlichen Bedarf – ausgewählten benachbarten und allen angrenzenden Tarifgebieten und teilweise sogar darüber hinaus. Die beiden Tarifgebiete müssen unmittelbar nebeneinanderliegen und es muss eine Bus- oder Bahnverbindung zwischen den beiden Tarifgebieten bestehen.« – Klingt, als wäre hier etwas detektivische Mitarbeit vonnöten.

Um aber Ruhrgebietsmensch Typ II und allen Besuchern Mut zuzusprechen: Man versteht es. Wenn man sich einfach die Fahrtziellisten am jeweiligen Ausgangsbahnhof anschaut. Vorabinformationen wie die hier zitierten von der Homepage des VRR machen nur unnötig nervös und schrecken vor dem durchaus funktionierenden ÖPNV-Transit zwischen den Städten ab. Wagen Sie es einfach!

Etikettenschwindelgefühle

Essen für alle – die Kulturhauptstadt

Die U-Bahn-Station des Essener Hauptbahnhofs wurde im Zuge der letzten Renovierungen zu einem seltsam schummrigen Blaulichtbezirk umgewandelt.

»Schön!«, sagt Margret voll ehrlicher Begeisterung.

Mich macht die ungewöhnliche Beleuchtung immer noch stutzig. Sollen Junkies davon abgehalten werden, sich an Ort und Stelle einen Schuss zu setzen? Oder dient das düstere Licht dem Zweck, zu kaschieren, dass die von den Wänden entfernten Kacheln nie durch neue ersetzt wurden? Ist es eine Reminiszenz an die Stadtfarben – blaues Licht, gelbe Bahnen?

»Essen soll überhaupt sehr schön sein!«, pflichtet Wim seiner Gattin bei. Und fügt an mich gewandt musterschülerhaft hinzu: »Vor allem die Zeche Zollverein, stimmt's?«

»Ja, bin auch mal gespannt, was die da so gemacht haben«, gebe ich etwas unbedacht von mir.

Wim schaut mich überrascht an. »Ach, ich dachte … Thomas hat gesagt, Sie kämen ursprünglich aus Essen!?«

»Das stimmt.«

Aber wie soll man einem reisebuchgestählten Kenner der Industriekultur begreifbar machen, dass die von uns angesteuerte Hauptattraktion des Ruhrgebiets zu meiner aktiven Zeit als Essener in einer Liste der Top-50-Sehenswürdigkeiten bestenfalls auf Platz 62 gelandet wäre? Also bitte, ich meine: eine Zeche!? Noch dazu am gefühlten hintersten Ende der Welt!? Warum hätte man dort hingehen sollen?

Ich kenne das Zollverein-Areal im Grunde nur aus den Feuilleton-Berichten zu IBA und RUHR.2010, allerdings möchte ich meine Reisegruppe nicht enteuphorisieren.

»Aber auf dem Gelände tut sich ja ständig etwas Neues! Das ist alles immer in Bewegung«, sage ich und bemühe mich, selbstsicher zu lächeln.

Enie lacht. Spöttisch. Ihren Eltern ist die Zuversicht, in mir einen kundigen Führer zur Seite zu haben, ein wenig abhanden gekommen. Margret blättert im Reiseführer.

»Ist das denn jetzt auch die Kulturstraßenbahn?«, zweifelt sie, als ich mich anschicke, die Familie zu den Türen der einfahrenden 107 zu dirigieren.

»Kultur …? Ja, ja – is' richtig!«

Die KulturLinie 107

Tatsächlich weist der Haltestellenplan in den Wagen der Linie 107 die Route als »KulturLinie« aus. »Kampf-der-Kulturen-Bahn« wäre ebenso passend, quert die Straßenbahn doch die Stadt vom hochbegüterten Bredeney über das leicht schnöselige Rüttenscheid bis in die Malocher- und Prolo-Epizentren Stoppen- und Katernberg. Dazwischen City und Niemandsland.

Es hätte auch jeden anderen Bus und jede andere Straßenbahn treffen können, plötzlich »KulturLinie« getauft zu werden. Irgendwo kommt man ja immer vorbei. Vielleicht hätte man sich doch die Mühe machen sollen, dem Bedürfnis nach einer Kulturlinie mit der Einrichtung einer wirklich neuen Route durch Essen nachzugehen. Stattdessen hat man der guten alten 107 diesen Titel verpasst und sich als Legitimation herbeigemogelt, was ging *(www.kulturlinie107.de)*. So gelangt man auf ganze 57 Essener und Gelsenkirchener Sehenswürdigkeiten, die von der Straßenbahn angesteuert werden. Ob man jedoch tatsächlich gut beraten ist, die Villa Hügel mithilfe der Kulturlinie 107 aufzusuchen, muss die Lauffreudigkeit der Kulturinteressierten entscheiden. Deutlich mehr Zeit verbliebe für den Besuch der Krupp-Villa jedenfalls, wenn man sich an einem der vermutlich 200 näher gelegenen Haltepunkte von S-Bahn und Bussen absetzen ließe. Hierfür wäre allerdings auch ein Abschweifen von der Linie der Kultur vonnöten, die sich so hilfreich für einen Rundumschlag andient.

Die Umetikettierung von Vorhandenem ist ein gängiges Prinzip des Strukturwandels zur Metropole Ruhr. Man beschafft sich ein paar bunte Scheinwerfer oder Videoprojektionen, leuchtet eine alte Hütte an und tauft das Ganze »Erlebnislandschaft Mörtelbau«. Dann nistet man dort einige Organisationen ein, deren Namen ein schmissiges »RUHR.« vorangestellt ist, und zack, Wandel feddich! Mir gefällt dieses dem Pragmatischen verpflichtete Tempo.

Wenig zimperlich ist man auch bei der Inanspruchnahme von Titeln. »›Geht nich‹ gibt's nich‹«, heißt die Devise. Ein prominentes Beispiel – wenn auch nicht in dieser Hinsicht – ist das Projekt RUHR.2010, mit dem sich das Ruhrgebiet ein Jahr lang als Europäische Kulturhauptstadt gefeiert hat.

Nun sieht das Konzept der Europäischen Kulturhauptstadt ausdrücklich vor, dass sich hierfür Städte, aber keine Regionen bewerben dürfen. Und so war es 2006 die Stadt Essen, die sich mit ihrer Bewerbung im Showdown gegen Görlitz durchsetzte. Damit dann aber trotzdem alle mitfeiern konnten, hat man den Titel der Kulturhauptstadt generös als »Essen für das Ruhrgebiet« interpretiert und dies hernach etwas kompakter als »RUHR.2010« propagiert. Mag es unzulässig sein, dass sich eine Region als Kulturhauptstadt bewirbt, so spricht doch nichts dagegen, dass eine Stellvertreterstadt eine Region durch die Hintertür zur Kulturhauptstadt macht. Hat da jemand »Hä?« gesagt? Bei uns heißt das: Geht doch!

Was soll man darum auch einen großen Aufriss veranstalten? Namen sind bereits wie Schall und Rauch – Titel rangieren hier noch deutlich darunter: Einen Menschen mit »Herr Doktor Schmidt« anzusprechen, ohne dass der Herr praktizierender Arzt ist, wird im Pott gemeinhin als unnötige Arschkriecherei abgetan. Doktor ist ein Beruf und keine Vorspeise. Wer zu viel Zeit mit der Formulierung einer korrekten Vollversion verschwendet, riskiert, dass einem die Gesprächspartner unterdessen wegsterben.

Rekorde, Rekorde, Rekorde!

Der drittgrößte Ballungsraum Europas neigt zum Protzen. Das ist seltsam, weil dem Ruhrgebietsmenschen das prätentiöse Angeben so wesensfremd scheint. Vielleicht empfindet man rekordbeanspruchende Aussagen nur als passender, weil sie mehr Schmackes haben. Wäre doch langweilig ohne. Die Werbeprospekte der Städte sind jedenfalls gut bestückt mit beeindruckenden Rekorden, die scheinbar vom Pott gehalten werden. Bei manchen dieser Alleinstellungsmerkmale fragt man sich, ob die jeweilige Behauptung jemals überprüft wurde beziehungsweise überhaupt überprüfbar ist. Drittgrößter Ballungsraum Europas, warum nicht?

Andere Rekorde beeindrucken vor allem durch die Technik der Einschränkung. Merke: Wer stark genug eingrenzt, landet immer beim Rekord. Auch Sie können Rekord sein! Vielleicht als weltweit jüngstes Kind Ihrer Mutter? Die Marketingexperten der Metropole Ruhr beraten Sie gerne. Hier einige besonders schöne Ruhrrekorde:

- Deutschlands höchster freistehender Weihnachtsturm (Weihnachtsmarkt Essen-Steele)
- höchste Ausstellungshalle Europas (Gasometer Oberhausen)
- weltgrößte begehbare Camera Obscura (Mülheim an der Ruhr)
- wichtigstes Festival des deutschsprachigen Dokumentarfilms (Filmwoche Duisburg)
- älteste vollplastische Marienfigur nördlich der Alpen (Goldene Madonna im Münster Essen)
- Deutschlands größtes privates Eisenbahnmuseum (Bochum-Dahlhausen)
- erste höhenverstellbare Hängebrücke der Welt (Innenhafen Duisburg)
- weltgrößte Drachenboot-Fun-Regatta (Innenhafen Duisburg)
- modernstes überdachtes Delfinarium Europas (Zoo Duisburg)
- längste Ski-Halle der Welt (Bottrop)
- größtes Einkaufs- und Freizeitzentrum Europas (CentrO in Oberhausen)
- erste neue Universität der Bundesrepublik (Ruhr-Universität Bochum, eröffnet 1965)

- Top 3 der größten Volksfeste bundesweit
  (Cranger Kirmes Herne)
- größter Glaselefant der Welt (Maximilianpark Hamm)
- größtes Indoor-Tauchbecken Europas (Landschaftspark
  Duisburg-Nord)
- weltweit erstes Freizeitbad mit Bergbauambiente
  (AQUApark Oberhausen)
- weltgrößte Ausstellung zur Arbeit von Geheimdiensten
  (TOP SECRET Oberhausen)

Weitere amüsante Rekorde werden Sie im Verlauf dieses
Buches entdecken – oder in den Prospekten des Ruhr-Tou-
rismus.

Die Kulturlinie 107 rattert friedlich durch die Europäische Kulturhauptstadt 2010. Zurück an der Oberfläche
verdüstert sich der Glamour zusehends. Der Transit-
bereich zwischen den Sehenswürdigkeiten? Stockender
Verkehr und reizarmes Wohnen. Selbst der spitzfindigste
Wünschelrutengänger wird hier »die mitreißende Schaf-
fenskraft in den Erlebnis- und Kreativräumen der Region« nicht aufspüren können.

Wim gleicht mit Margret die ersten Eindrücke mit
den Beschreibungen ihres Reiseführers ab. Vermutlich
sollte ich den auch mal lesen, um zu verstehen, was das
Ruhrgebiet ist und möchte. Stattdessen schreibe ich in
mein Notizbuch:

Verweile Moment,
derweil du nicht schön bist!
Dass Stroh prächtig brennt,
denkt, wer Flammen in Höh'n misst
Doch wenn ich von Flammen schwärme
Mein' ich eher deren Wärme

Der erste Tag in der alten Heimat startet mir definitiv zu melancholisch.

Hasse noch wat zu Essen da?

Essen möchte gerne die Vorzeigestadt des Ruhrgebiets sein. Leider spielt der ansässige Fußballverein da nicht richtig mit und seit Ewigkeiten in wenig maßgeblichen Ligen. Das, so wissen aktive wie nostalgische Fans, war mal ganz anders – und auch die Stadt selbst mischte noch in den 80ern ganz oben mit. Jahrelang lieferte sich Essen ein Kopf-an-Kopf-Rennen mit Frankfurt am Main um einen Platz in der Top 5 der deutschen Großstädte. Aktuell hält man sich mit 572.000 Einwohnern gerade noch in den Top 10 und musste sogar Dortmund an sich vorbeiziehen lassen (vom Fußball mal ganz zu schweigen). Aber Essen ist eine selbstbewusste Stadt geblieben, nennt sich trotz der fast all ihrer Traditionsgeschäfte beraubten City »Einkaufs-stadt«, und verweist dabei auf die frisch ausgebrütete Shopping-Mall am Limbecker Platz – ein pupsnormales Ungetüm, das der Verramschung der City von Kettwiger und Limbecker Straße (1927 als erste Fußgängerzone der Welt eröffnet!) weiteren Vorschub leisten wird. Der Schriftzug »Essen – die Einkaufsstadt« prangt, abends in den Stadtfarben illuminiert, vom Dach des Hotels Handelshof und ist das Erste, was man zu sehen bekommt, wenn man in den Hauptbahnhof einfährt. Sofern nicht schon die Lichtwochen begonnen haben, mit denen die Essener seit 1950 ihren vorweihnachtlichen Bummel großformatig und motivverliebt beleuchten. Neben dem Handelshof ist die Lichtburg eine der letzten Bastionen vom verrauchten Glamour der Nachkriegszeit. Damals als Premierenkino eine wahre Instanz, verfügt die Lichtburg mit 1.250 Plätzen immer noch über Deutschlands größten Kinosaal und hat den bedrohlichen Boom der Multiplexe stilvoll ausgesessen. Wer jetzt noch das Essener Münster mit der Goldenen Madonna besucht (die 852 als Damenstift gegründete Stadt ist Bistumssitz), darf das Sehenswerte der Essener Innenstadt als abgehakt betrachten – und sich zum Beispiel Richtung Zollverein aufmachen.

Wald- und Welterbe

Auf Zollverein

Sind die Anbauten von diesem Foster?«, fragt Wim, als wir die noch verschlossenen Gebäude um Schacht 8 der Zeche Zollverein etwas ziellos umkreisen. Ich starre die orangefarbene Treppe an, die wie die Zugangsrampe eines Raumschiffs an die Kohlenwäsche angedockt ist. Zwar glasummantelt, trotzdem sicherlich kein Foster – aber eigentlich habe ich nicht die geringste Ahnung.

»Na, ich denke, die werden den Auftrag nicht an *irgendwen* vergeben haben«, sage ich zögerlich.

Margret und Wim sind nicht ganz zufrieden mit meiner Antwort und wenden sich einem Rentnerpaar zu, das ebenfalls schon zu dieser idiotisch frühen Zeit auf dem Gelände umherstreunt. Auch sie haben sich aufgemacht, um nach Öffnung der Eingangspforten des Ruhr Museums keine Sekunde Besuchszeit zu verschwenden. Dem Anschein nach eher »einfache Leute« – das charakterliche Ideal jedes Pottbewohners.

Auch ihr Alter lässt darauf schließen, dass hier keine Architekturkoryphäen zurate gezogen werden. Aber ich täusche mich.

»Nee, nee! Das haben Kohlhaas und Böll gebaut! Soll hier alles dem früheren Produktionsfluss entsprechen, dem Weg der Kohle, versteh'n 'Se? Rauf in die Kohlenwäsche. Erst meint man ja, passt nich' hierher, dies Glasgedöns und die Farbe. Ham ja auch viele geschimpft drüber. Aber is' schön geworden, oder?«

Der Alte wartet die Bestätigung seiner Gesprächspartner gar nicht erst ab: »Und Sie sind Holländer? Hör' ich, so wat! Wo denn da?«

»Utrecht.«

»Ach, Utrecht, schön! Sind wir immer dran vorbeigekommen, im Sommer – mit dem Wohnwagen nach Zandvoort hoch. Is' 'ne schöne Zeit gewesen …«

Margret und Wim nicken schnell.

»Jetzt geht das ja nich' mehr mit meine Frau. Elsbeth, hörst du: Die jungen Leute sind von Utrecht! Sind wir immer dran vorbeigefahr'n nach Zandvoort.«

»Ach, das weiß ich doch nich' mehr, wo du überall dran vorbeigefahr'n bis'!«

Der Alte winkt ab. Elsbeth hatte ihre Chance, ebenfalls am Gespräch teilzunehmen. Und hat sie eklatant versiebt.

»Und jetzt kommen Sie her, um unsere Zeche zu gucken? Is' interessant, oder? Nee, da ham die endlich mal was richtig gemacht mit Zollverein hier! Komm' ja auch viele vorbei zum Gucken. Von überall her.«

Er lässt einen Großgrundbesitzerblick über das Gelände gleiten. »Mein Schwager, der Bruder von meine Frau, der is' hier ja noch eingefahr'n! Später isser dann noch nach Westerholt rüber, um die Rente vollzumachen. Ham 'se ja auch mittlerweile dichtgemacht da. Aber der war Steiger.«

Die Betonung des Wortes »Steiger« macht uns allen klar, dass nun ein Moment der Besinnung vonnöten ist. Steiger ist man nicht einfach so. Und auch nicht nur für sich. Von dem Rang profitiert eine ganze Familie.

»Zuletzt sind hier auf Zollverein noch 880 Kumpel eingefahren. Aber vorm Krieg, da ham hier fast 7.000 Leute gearbeitet. Und drüben, die Kokerei, dat war die größte von ganz Europa!«

Ich wittere, dass der längste Teil des Monologs noch bevorsteht, und bin froh, weit genug entfernt vom Epizentrum zu stehen. So kann ich mich recht unauffällig zu einem Spaziergang über das Gelände aufmachen. In meiner Funktion als Reiseführer bin ich ohnehin abgemeldet.

Ich flüchte.

Das Terrain der Zeche und Kokerei Zollverein ist ständig von Hobbyfotografen bevölkert, die sich vor allem von den Ruinen und verwrackten Gleisanlagen angezogen fühlen, von den in Rost schwärenden Geschichten einer vergangenen Zeit. Hier bekommt jeder das Gefühl, das Händchen für ein gutes Motiv zu haben. Und mancher kauft sich noch ein Stativ hinzu. Selbst das riesige

Zollverein-Gelände scheint nicht weit genug, um nicht fortwährend irgendwem ins Bild zu laufen.

In der Tat sind die zerschlagenen Fensterscheiben, die nutzlos gewordenen Kabelstränge und baufälligen Treppenstiegen ein stimmungsvolles Dokument. Auch wenn schon einiges von mitnahmefreundlichen Besuchern abmontiert wurde und in Nippes-Setzkästen von Paderborn bis Passau harrt, scheint hier auf Generationen hinaus ausreichend Schrott vorhanden.

Ich laufe durch den Skulpturenwald, etwas abseits der normalen Trampelpfade, und fühle mich mit einem Mal angekommen im Ruhrgebiet.

Diese halbherzigen Busch- und Baumbepflanzungen, denen über die Jahre immer wieder eine Baggerschaufel den Garaus gemacht hat, sind die Wälder meiner Kindheit. Kein geschichtsträchtiges Baumdenkmal konnte hier entstehen – zu kurz die Intervalle, in denen das Verlegenheitsgestrüpp gleich wieder niedergemäht wurde. Das ist der wahre Wald des Ruhrgebiets: Mickrig und ständig auf der Kippe. Der regelmäßig erzwungene Neuwuchs lässt keine Nostalgie aufkommen. Hier stehen keine Bäume, an die sich jemand ketten würde, um sie zu retten. Hier stehen keine Bäume, die die Jahrhunderte überdauert haben oder dies schaffen werden. Nur die Pionierpflanzen, die sich auf ungenutzten Bahndämmen breitmachen, aber in Kürze wieder einen über den Detz gezogen bekommen. Der Ruhrwald. Der gerne als Abladehalde für Bauschutt, verranzte Möbel oder Kellerentrümplungen in Anspruch genommen wird und auf diese Weise eine entdeckungsreiche Kindheit garantiert.

Einen ähnlich heimeligen Ort finde ich hinter der Kokerei Zollverein. Im Rücken der IBA-Überbleibsel, hinter dem nicht mehr funktionstüchtigen Riesenrad und der Eislaufbahn vor den Koksöfen, hat sich eine Oase erhalten, die noch immer die Geschichten flüsternde Atmosphäre der Brache ausstrahlt. Allem Fotografen-Trubel und der schrillen Musealität zum Trotz – hier kann man noch die Spinte früherer Arbeitsplätze entdecken, die 1993 von heute auf morgen verlassen worden sind. Zwischen den unvermeidlichen Sprenkeln des Vandalismus behaupten sich verblichene Hanuta-Bilder und Gewerkschaftsaufkleber, optische Auflockerungsübungen auf nutzlos gewordenen Schalterarmaturen. Thomas hat recht: Alles sehr poetisch hier.

Das Wesen der Koksbatterie

Ganz entblättert im Schatten der Backbatterie
Trotz recht schlechten Wetters (auch das spricht für sie)
Mich augenschmäusig zu verwöhnen
Durch das Dem-Nudismus-Frönen
Das treibt alle Wärmevermehrung zur Spitze
Ja, hier röstet Kohle für höhere Hitze

Gut, das wäre zumindest mal ein Gedicht mit konkretem Ortsbezug.

Mit einem postmigrantischen Selbstfindungsseufzen meldet sich in mir der Plan, eine Liste der Personen aufzustellen, die ich während meines Besuchs im Pott unbedingt treffen möchte. Ich schlage die Mitte des Notizbuchs auf und schreibe: Maike. Das wäre was. Ist aber ein denkbar blöder Start. Schnell blättere ich eine Seite weiter und fertige eine Liste von Personen an, die ich treffen möchte *und* zu denen ich in den letzten zehn Jahren tatsächlich noch Kontakt hatte. Das Resultat ist eine Reihe von Namen alter Freunde, die allesamt auch als Gäste für Marcs Party gesetzt sind. Um diese Liste abzuarbeiten, muss ich also lediglich am Freitag nach Mülheim fahren. Bislang alles andere als ein anspruchsvolles Programm für die nächsten Tage. Fast alibimäßig füge ich unter der Liste den Eintrag »Eltern« hinzu und zeichne einen umständlich gebogenen Pfeil, um ihn einige Positionen höher rücken zu lassen. Insgesamt sieht das immer noch nicht nach einer wahren Herausforderung aus.

Ich blättere noch einmal zurück, lese den einsamen Eintrag »Maike«. Grinse und fühle mich eine Spur verwegen. Das ist natürlich lächerlich. Aber Papier ist ja geduldig.

Am Ende der Koksofenbatterie kehre ich zur Vorderseite zurück, zur sogenannten »weißen Seite«, wo früher die Gase, die während des Verkokungsvorgangs entstanden, in Nebenprodukte wie Teer und Ammoniak aufbereitet wurden.

Ich tauche in eine cineastische Szenerie ein, die einer Mundharmonika-Einspielung würdig wäre: Zu meiner Linken die nun endlos wirkende Reihe der Koksöfen als Kulisse einer menschenleeren Westernstadt. Hinter mir vermutlich die Prärie.

Über den Rand der Eislaufbahn balanciert mir Enie entgegen. Sie winkt, was den Bogen bisheriger Vertraulichkeit unerwartet überspannt.

»Cool hier!«, ruft sie.

Ich schaue sie verwundert an – ihre momentane Euphorie macht sich wie ein Fremdkörper in meinem Enie-Bild aus.

»Ich hätte meinen Fotoapparat mitnehmen sollen! Sieht schon gewaltig aus …«

Ja, denke ich, der Gedanke scheint hier jedem zu kommen. Meine Verlegenheit sucht eine Ausflucht ins Musterschüler-Geseiere: »Da solltest du erst mal den Landschaftspark Nord in Duisburg sehen! Für mich eine noch beeindruckendere Kulisse.«

Was labere ich da eigentlich zusammen?

»Fahren wir da noch hin?«

»Na ja, muss man nicht grad alles an einem Tag machen. Aber sollte man gesehen haben.« Ich merke, wie ich mich beiläufig als längerfristiger Stadtführer aufdränge und wundere mich über mich selbst. »Vielleicht kannst du ja deine Eltern überreden«, versuche ich zurückzurudern.

»Ach, die! Die haben eine ganze Liste mit Museen zusammengestellt, die sie morgen und übermorgen besuchen wollen.«

»Na ja, ich wollte eh in den nächsten Tagen mal zum Landschaftspark.« Was rede ich da bloß?

»Würdest du da eine nervige Teenagerin mitnehmen? Wir könnten Fotos machen! Eine Freundin von mir hat eine Kollekzion mit Moden und möchte, dass ich ein paar Fotos davon vor Industrie und Sloten mache.«

Ich muss grinsen: »Eine Kollekzion mit Moden« und das scharf angeschnittene S in »Sloten« – ab und an klingt der holländische Akzent schon unschlagbar putzig. Weil ich kurz überlege, wie eine Bemerkung hierzu nicht völlig blöd klingen könnte (Antwort: nie), stolpere ich etwas fahrig in meine: »Ja, äh, ein Fotograf bin ich nun nicht gerade …«

»Du musst nur den Auslöser drücken!«

Irgendein Auslöser scheint gerade auch bei mir gedrückt. Es gefällt mir, dafür sorgen zu können, dass dieses Mädchen am Sonntag mit dem Gefühl nach Hause fährt, der Pott sei eine feine Gegend. Und ich bin überzeugt davon, dass es auch mir helfen wird, jemanden an der Seite zu haben, der den ganzen Kram mit einem frischen Blick erleben kann. Wir schlendern zurück in Richtung Zeche.

»Ich bin echt froh, dass du mich mitnimmst. Meine Eltern gehen mir jetzt schon auf die Nerven.«

Zeche und Kokerei Zollverein

UNESCO-Welterbe, Designzentrum, Portal der Industrie-kultur, Ruhr Museum, Gedächtnis des Ruhrgebiets – was das plakative Etikettieren angeht, gibt es im Revier wohl keinen ähnlich zugepflasterten Ort wie die 1851 in Betrieb genommene Zeche Zollverein. Ein riesiger Abenteuerspiel-platz für den Industriekulturtouristen, derart weitläufig, dass man ihn keinesfalls bloß als Tageszwischenstopp ein-planen sollte. Vor allem im Sommer beleben zahlreiche Veranstaltungen und Ausstellungen die Areale der 1986 stillgelegten Zeche und der 1993 erloschenen Kokerei. Im-mer wieder sieht man Besuchertrupps über das Gelände wuseln, angeführt von kleinen alten Männern, die am Ori-ginalschauplatz von ihrer früheren Arbeit erzählen. Oder angeführt von jüngeren großen Männern, die fehlende Malocher-Authentizität durch einen besonders breit aus-gefahrenen Ruhr-Dialekt wettzumachen versuchen. Bei einigen Touren herrscht Helmpflicht, sodass man meint, einem Doozer-Trupp der Fraggles zu begegnen.

Während einer solchen Führung reift in den Beteiligten der Eindruck, dass einem wenig Erfüllenderes widerfahren kann, als ein paar Jahre unter Tage oder am Koksofen zu schwitzen. Nicht obwohl, sondern weil die Arbeit so hart und beschwerlich war. Im Rückblick umweht die Mono-tonie der Aufgabenabläufe plötzlich ein Hauch von Aben-teuer. Und die Großmeister der Dönekes-Erzählung wer-den Ihnen manches Lächeln entlocken, wenn sie skurrile

Anekdoten von der hemdsärmeligen Cleverness feilbieten, mit der die Kumpel den Widrigkeiten ihrer Arbeit trotzten. Ein liebenswertes Erlebnis. Einzige Gefahr: Manch Enkel könnte nach solch einer Führung den Geschichten-Kumpel gegen Opa eintauschen wollen.

Auch unbehelmt und unbehütet ist ein Spaziergang über das kostenlos zu besichtigende Gelände eine wunderbare Erfahrung. Die im Stil der Neuen Sachlichkeit entworfene »schönste Zeche der Welt« mit dem 55 Meter hohen Doppelbock sowie die nicht minder beeindruckende Kokerei (1961 erbaut) sind so etwas wie das Gotthardmassiv der Region. Man muss alles einfach still auf sich wirken lassen, die Demut kommt von alleine. Für den theoretischen Überbau sorgt das 2010 in die Kohlenwäsche eingezogene Ruhr Museum *(www.ruhrmuseum.de)*, um das leibliche Wohl kümmert man sich im unerwartet mondänen Restaurant Casino Zollverein oder etwas landestypischer an den saisonalen Imbisswagen. In jedem Fall sollte so weit Zurückhaltung geübt werden, dass die zwei Euro Eintritt für das Portal der Industriekultur noch drin sind, um zum Abschluss eines Zollvereinsbesuchs den Panoramablick von der 45 Meter hohen Ebene der Kohlenwäsche zu genießen.

www.zollverein.de

Bereit zum Abtauchen

Bermudadreieck und Trainingsschächte

Enies Eltern haben sich nicht von der Stelle bewegt. Ihr Gegenüber hat ihnen vermutlich nicht eine Sekunde lang eine Auszeit gegönnt. Getrieben von einem ungebremsten Mitteilungsdrang ist der Alte mittlerweile im Kapitel »Grubenunglücke« angelangt. Ich möchte mir gar nicht ausmalen, welch schaurige Geschichten er seinem wehrlos ergebenen Publikum bereits aufgetischt hat.

»… aber die Dahlbuschbombe werden Sie dann ja selbst sehen, wenn Sie in Bochum sind.«

Wim entdeckt mich mit unerwarteter Wiedersehensfreude: »Ach, der Herr Klötgen, wie schön – hat Enie Sie also gefunden! Wir haben da nämlich eine kleine Bitte an Sie. Herr Burdenski war so freundlich, uns die Geschichte von Zollverein sehr spannend zu erzählen, aber er meinte, es sei für uns Einsteiger doch viel interessanter, das Bergbau-Museum zu besuchen. Und Bochum ist doch direkt neben Essen!«

Ja, da sind wir heute Morgen nur in die völlig falsche Richtung gefahren, denke ich etwas angenervt, bewahre aber eine gute Miene. Was Wim ermutigt, sich mit seiner Bitte vorzuwagen: »Könnten Sie uns als letzte Aufmerksamkeit noch einmal kurz den Weg dorthin zeigen?«

»Is' nich' weit!«, wiegelt der rüstige Herr Burdenski meine Leistung bereits im Vorfeld ab. »Steigen 'Se zweimal um, sind 'Se da!«

Enie protestiert: »Ich hab' genug Kohle gesehen! Dann geh ich mit Herrn Klötgen ins Bermudadreieck!«

Meine Freizeit scheint ein von den Niederlanden besetztes Gebiet. Und ich bin friedfertig genug, mich nicht dagegen zur Wehr zu setzen. So soll es also geschehen: Ich ziehe mit einer holländischen Teenagerin auf die Bochumer Ausgehmeile. Gott sei Dank, dass mich da keiner kennt. Der Pott-Scout ist auf dem besten Weg, sich zum Trottel zu machen …

———————

Vom Trotten

Ein Trottel trottet durch den Pott
Hüpft über Schotter, über Schrott
Der Pütt kaputt, nur tote S(ch)lote
Die hier mal war'n, warn'n nun Verbote:
Betreten sei nicht mehr erlaubt
Betreten schweigt er, trottberaubt

———————

Immer irgendwo dazwischen:
Bochum

»Tief im Westen, wo die Sonne verstaubt«, eingequetscht zwischen den großen Schwestern Essen und Dortmund, liegt die Stadt, die Grönemeyer in seinem gleichnamigen Lied besingt: Bochum. Reaktionsschnelle Bahnfahrer können den Halt durchaus erwischen. Und wer sich generell gut mit kleinen Brüdern anfreunden kann, hat gute Chancen, in Bochum einen geruhsamen, netten Tag zu verbringen. Das Bildungsbürgertum wird das einst legendäre, nun respektable Bochumer Schauspielhaus entern oder eine der bombastischen Veranstaltungen in der per se atemberaubenden Kulturkathedrale Jahrhunderthalle besuchen. Die Fahrradfahrer wird es an die Gewässer im Süden der Stadt verschlagen, Fußballfans fahren mit dem VfL Fahrstuhl und unter dem hübschen Malakowturm der Zeche Hannover kann der Nachwuchs im Kinderbergwerk der Zeche Knirps auf Schicht gehen. Lauffaule Spaziergänger spüren dem Strukturwandel im Westpark nach und irgendwer ist auch immer in der Stadt, der das Opel-Werk zu schließen plant.

Normalerweise aber besucht man Bochum wegen seiner Cafés und Kneipen. Und Clubs. »Und CLUBS!!!«, so hätte es wohl in den 80ern noch geheißen, als das gesamte Ruhrgebiet am Freitagabend gen Bochum strömte, wo einfach die bessere Musik lief, die angesagteren Bands spielten und auch alle Gazetten gedruckt wurden, die die Trends im Pott aufzuspüren suchten. Alle Facetten der New-Wave-Bewegung hatten in Bochum ihre Traumstrände. Eine toupierte Stadt. Oder zum Psycho-Flat gegelt. Bochum war jedenfalls viel cooler als alle anderen Nachbarstädte. Davon hat sich einiges bewahrt: Zum einen ein etwas ausgelutschter Retro-Chic, zum anderen aber auch die Verpflichtung, in Bochum die etwas netteren Einkehren zu eröffnen. Mögen die anderen Städte da auch mittlerweile beträchtlich aufgeholt haben – seit 1986 gibt es jedes Jahr im Juli ein mehrtägiges Straßenfest auf der Bermudadreieck-Meile, mit dem man den historischen Sieg im Kampf um die Nachtlebenhoheit im Ruhrgebiet zu feiern scheint: Bochum Total. Total 80er, total überfüllt. Aber nicht totzukriegen.

Dank des von mir vorausschauend gewählten Gruppentagestickets fällt der respektlos kurz geratene Schlenker über Zollverein finanziell nicht weiter ins Gewicht, und günstige Anschlüsse sorgen dafür, dass wir den Bochumer Hauptbahnhof tatsächlich recht flott erreichen. Fürsorglich liefern wir Enies Eltern vor dem Eingang des Bergbau-Museums ab. Letztlich sind wir für das Bermudadreieck ohnehin mächtig früh dran. Wim kramt eine Kamera hervor, um vor dem Förderturm des Museums noch ein Erinnerungsfoto unserer Reisegruppe abzuspeichern. Wir harren zu dritt eine gefühlte Ewigkeit in Position, bis Wim endlich die Funktionsweise des Selbstauslösers ergründet hat. Aber wir haben ja Zeit.

»So, und jetzt geht es unter Tage!«, freut sich Margret. »Glück auf!«

»Das ist alles ein großer Quatsch«, flüstere ich Enie zu. »Der Förderturm ist nur Schmuck und der Schacht ein Übungsstollen für die Jungpioniere des Bergbaus. Da liegen manche Keller weiter unter Tage!«

Aber wir wollen nicht unfair sein. Ich erinnere mich an unzählige Sehenswürdigkeiten in anderen Ländern, wo mir Authentizität in folkloristischen Mogelpackungen untergejubelt wurde. Das passt schon. So werden uns Margret und Wim morgen früh von den atemberaubenden Maschinen berichten und von dem ohrenbetäubenden Lärm, den diese im Stollen erzeugen. Sie werden ein Stück weit dabei gewesen sein bei der letzten Schicht im Pott. Oder sich zumindest so fühlen. Mehr kann man von einem »Anschauungsbergwerk« nicht verlangen.

Das Deutsche Bergbau-Museum Bochum

Keine noch so kurze Schulzeit im Ruhrgebiet wird ohne einen Klassenausflug ins Bergbau-Museum auskommen – mindestens einen. Und am Abendbrottisch gibt es anschließend wohl nur ein Thema: die Dahlbuschbombe. Die zigarrenförmige Rettungskapsel, mit der 1963 elf Bergleute bei dem Grubenunglück von Lengede geborgen wurden, hat ganze Generationen von Schulklassen traumatisiert. So eng. So weit unter der Erde. Da gruselt man sich trotz des Happy Ends für die elf Überlebenden (und nur Spielverderber verraten, dass die Originalbombe von Lengede im Deutschen Museum in München gelandet ist).

Je kleiner man ist, desto beeindruckender ist natürlich auch die Unter-Tage-Fahrt mit dem Aufzug des Anschauungsbergwerks. In 20 Metern Tiefe begegnet man dem letzten deutschen Grubenpferd Tobias sowie Originalmaschinen und Modellen, die gerne zur Lärmdemonstration angeworfen werden. Zur Vertiefung des Themas Bergbau sollte man noch die Räume im Erdgeschoss aufsuchen, wo sich die Ausstellungsfläche auf insgesamt 13.000 Quadratmetern zum größten Bergbaumuseum der Welt summiert. Die Größe und der Standort des zweitgrößten Bergbaumuseums der Welt sind nicht überliefert.

Am Bergbaumuseum 28, 44791 Bochum

www.bergbaumuseum.de

»Okay, und wo kann man hier jetzt am besten feiern?«, fragt Enie unternehmungsheiß, just da sich die Tore des Bergbau-Museums hinter ihren Eltern geschlossen haben. Bei Teenagern kurz vor dem Ende ihres zweiten Jahrzehnts erzeugt jede Nacht, die sie in Obhut ihrer Eltern durchleiden müssen, einen akuten Nachholbedarf.

»Na ja, es ist vermutlich noch etwas früh?!«

»Aber irgendwo wird man doch schon mal ein Bier trinken können?«

Das sollte wohl gehen. Einen Umstieg und drei Haltestellen weiter lauert das Bermudadreieck.

In der Bahn studiert Enie interessiert den Strecken-plan über der Ausstiegstür. »Haben eigentlich alle Städte des Ruhrgebiets eine U-Bahn?«

Interessante Beobachtung. Wenn man durch den Rest der Republik reist, merkt man schnell, dass eine U-Bahn-Linie keineswegs zur Grundausstattung einer Groß-stadt zählt. Ab Rang 20 der größten Städte Deutsch-lands nimmt die Trefferzahl in dieser Hinsicht rapide ab. Nicht so im Ruhrgebiet. Selbst Herne und Mülheim an der Ruhr haben U-Bahnhöfe.

Dass so viele Bahnen des pöttischen Stadtverkehrs in die Erde versenkt wurden, mag eine Ausgleichsübung zum Ausklang der Montanära gewesen sein. Knoten-punkte wie der Berliner Platz in Essen bilden komplexe Stollensysteme mit mehreren Etagen. Zwar nicht gleich tausend Meter unter der Erde wie die Abbauschächte der Zechen, aber immerhin.

»Na, die Leute hier buddeln eben recht gerne«, ant-worte ich. Das war als Scherz gemeint, aber Enie akzep-tiert diese Erklärung. Und dann müssen wir auch schon aussteigen, die Haltestelle Engelbert-Brunnen/Bermu-dadreieck wird ausgerufen.

Es überrascht mich, dass die Freizeitmeile des Ruhr-gebiets mittlerweile im Haltestellenplan verzeichnet ist. Damit ist der Begriff, der 1988 zum ersten Mal in einem Bericht des Ruhrgebietsmagazins *Marabo* erwähnt wur-de, inzwischen hochoffiziell. Zur Bestätigung leuchtet uns ein riesiger roter »Bermuda3Eck«-Schriftzug vom unteren Ende der Straße entgegen.

Das Bermudadreieck

Zwischen Südring und Konrad-Adenauer-Platz, auf dem Weg zwischen Hauptbahnhof und Schauspielhaus, liegt das Bermudadreieck von Bochum – weniger unheilvoll als sein Pendant in der Karibik, aber dennoch Schauplatz etlicher Abstürze. Über 80 gastronomische Betriebe haben sich hier seit dem ersten Boom in den 1980er-Jahren auf zwei Quadratkilometern niedergelassen und locken die ausgehfreudigen Scharen des Potts an ihre Tränken. Eine solche Fülle an Bars, Restaurants und Clubs gibt es nirgendwo im näheren und weiteren Umfeld. In Pionier-Läden wie dem Mandragora, Sachs und Intershop haben bereits die Eltern der aktuellen Kundschaft die Nächte verbracht, und es sind vielleicht die hiermit verbundenen Legenden, die die anhaltende Faszination des Bochumer Bermudadreiecks ausmachen. Das ist beim Namensvetter in der Karibik ja genauso.

Zu der geheimnisvollen Geschichte dieses Ortes zählt nicht nur das Verschlucken der vormals hier beheimateten Einzelhändler und das mysteriöse Abirren junger Laufkundschaft in charmefreie Cash-Cow-Bars – seit 2009 ist auch noch der Engelbertbrunnen aus dem Zentrum des Bermudadreiecks verschwunden (nicht aber aus dem Namen der dort gelegenen Stadtbahn-Haltestelle).

Schon wird gejammert, das Originäre und Kreative sei der Ausgehmeile vollends abhanden gekommen und die Preise für Mieten und Getränke wären viel zu hoch. Die

Hochzeit der Legendenbildung scheint vorbei. Doch mit der richtigen Begleitung einen richtig guten Abend durchzufeiern, das wird wohl auch auf längere Sicht noch klappen. Und satt wird man hier allemal, zum Beispiel an der von Herbert Grönemeyer besungenen Bratwurstbude am Engelbertbrunnen – na ja, da, wo früher mal der Brunnen stand … Aber keine Sorge, den kennt hier noch jeder.

Ein paar Schritte später tauchen wir in eine düstere Kneipe ein, die sich als »Club und Bar« klassifiziert und in der der Bierausschank seit gestern Abend offenbar nicht unterbrochen wurde. Der Laden ist vom Zigarettenrauch der vorangegangenen Jahrzehnte geschwärzt und schluckt jeden Lichtstrahl, der nicht von den gelbstichigen Butzenscheiben absorbiert wurde. Hier ist immer Nacht. Eine gute Wahl.

Die Kneipe respektive »Club und Bar« war eine Empfehlung in Wims Ruhrgebietsreiseführer, den ich mir auf der Rückfahrt geborgt hatte, um mein Wiedersehen mit dem Bochumer Bermudadreieck nicht völlig ziellos anzugehen. Selbiges wurde in dem Reiseführer als »Europas größte Ausgehmeile« angekündigt. Da gibt es anscheinend einige Prüfer, die durch die Weiten Europas streunen und nach jahrelanger Reise gewissenhaft vor einem Gremium verkünden: »Herrschaften, von Lissabon bis Istanbul mag es viele Ausgehmeilen geben, die größte aber – da herrscht bei uns Prüfern lückenlose Einigkeit – befindet sich in Bochum!«

Enie allerdings hat sich diesen Kulminationspunkt europäischen Partywesens wohl anders vorgestellt. Auf der Viktoriastraße hat sie sich fortwährend ratlos umgedreht. Die sich allmählich für den Abend rüstenden Läden versprühten für das Mädchen offenbar einen Glamourfaktor im Minusbereich. Dass wir nun auch noch im Schwarzen Loch dieser Galaxie hocken, erkläre ich ihr damit, dass die anderen empfehlenswerten Läden laut dem Reiseführer ihres Vaters erst später öffnen würden. Ich verschweige, dass meiner Erinnerung nach auch diese nicht halten würden, was sich eine angehende Partyqueen unter einer europäischen Mega-Ausgehmeile verspricht. Aber Geduld, Geduld! In vielerlei Hinsicht ist es ein großer Fehler, als Besucher des Ruhrgebiets zu viel auf den ersten Eindruck zu geben. Das sichtbar hohe Alter einer Einkehrstätte ist insbesondere im Bermudadreieck ein untrüglicher Hinweis darauf, dass dieser Laden im Laufe des Abends Charme entwickeln wird. Das muss man offen auf sich zukommen lassen, dann läuft es wie mit den Kreuzberger Nächten im Lied der Gebrüder Blattschuss: »Erst fang' se janz langsam an …« Wir bekommen unser Bier.

Dat muss doch auch ma' sein!

Pöttische Lieder

Vermutlich noch vom Vorabend übrig geblieben ist der andere Gast im Raum – ein mit Woanders-is'-auch-scheiße-Shirt geschmückter Kneipenplatzhirsch. Keine 30 Jahre alt und womöglich frisch der Uni entschlüpft, bewirbt er sich beim Wirt um den Ruf des Urgesteins und Potthipsters. Kaum, dass Enie und ich auf einen guten Abend angestoßen haben, bekundet er Interesse an uns, besser gesagt, an Enie: »Ah, Holländer? *Ik hou van jou*«, baldavert er sich mit fahriger Aussprache und schwankendem Gang an unseren Tisch. »Willkommen in Bochchum!«

Enie zeigt sich schmerzlos und stößt tatsächlich mit dem Kollegen an. Ich will mich da nicht sperren, zumal mir sein lupenreiner Ruhrpottdialekt gefällt. Der Artikulationsvariante des wie einen Doppelkonsonanten gesprochenen »ch« begegnet man nur hier.

»Auf Bochchm!«, proste ich zurück und verschärfe das »ch« zu einem Bellen, welches den letzten Vokal zu verschlucken scheint.

»Was haste dir'n da für'n Kaspar angelacht?«

Okay, vielleicht war das etwas übertrieben. Aber ich habe davon gelesen, dass auch Zoologen die Laute von Pavianen mit »bochchum« transkribieren.

»Das ist mein privater Guide! Er zeigt mir das Ruhrgebiet.«

»Na, da kannste aber von Glück reden, dasste's bis hierher geschafft has'!«

»Ja, das glaube ich auch!«, lacht Enie.

Hallo, wie wäre es mit etwas Solidarität? Ich fühle mich verletzt.

»Is' der überhaupt von hier?«, seine Frage richtet sich auch an mich, aber ich bin momentan nicht mehr an der Fortführung der Konversation interessiert.

»Ja, aber er ist nach Berlin gezogen«, erklärt Enie stattdessen.

»Wat? Wie kann man denn …? Ausgerechnet Berlin! Wieso nich' gleich nach Bayern? Also ählich. Bei uns heißtet: ›Ich bau mich mein Häusken nur anne Ruhr!‹«

»»Holladihi, holladiho!‹«, ergänze ich, meine Chance auf Rehabilitation witternd. Ährwin geht immer. Mein Gegenüber nickt mir anerkennend zu. Dann schreitet er zur nächsten Aufgabe: »Hasse dein Häusken, dein Pilz und dein Korn …‹«

»»Hasse in Rom und Paris nix verlor'n!‹«, ergänze ich im Chor mit dem Wirt. Enies Blicke wandern begeistert von einem Sänger zum nächsten, während wir uns als Herren-Trio in eine grölende Interpretation von *Dat muss doch auch ma sein* hineinsteigern. Beim dritten Refrain steigt Enie, durchaus souverän, mit ein.

»Was für ein lustiges Lied!«, jubelt sie nach dem finalen Doppelrefrain.

Noch bevor wir unsere nächste Bestellung erhalten, hat der Wirt aus einem Regal hinter der Theke die passende CD hervorgefischt und wir winden uns in einem harten Wettstreit in Sachen Textsicherheit durch die Songs von Ährwins *Lieda fonne Ruhr*. Enie erfasst das Prinzip der Lieder schnell, überbrückt alle Lücken mit »Lalala«-Einwürfen und reift zu einer ebenbürtigen Mitsängerin. Unser neuer Freund Thorben ist begeistert vom frühen Start des Abends und sichtbar hingerissen von Enie. Ich bin eher Staffage. Aber meine Zeit kommt mit dem *Möbelpacka-Song*, den hab' ich drauf.

Sing doch endlich mal ain schönet Lied fon Herne – Erwin »Ährwin« Weiss

»Dann weisse, datte Mensch geblieben bis'!« – der »Freddy aus Castrop-Rauxel« hat mit seinen Liedern im Ruhrpott-Slang in den 1970er-Jahren Erfolge gefeiert und 1973 mit *Dat muss doch auch ma sein (Wenn dich dain Mäusken baisst)* die deutschen Single-Charts erobert. Danach verließ ihn der kommerzielle Erfolg und er wurde zum Charts-Stürmer der Herzen. Ob seine mit der Lebensphilosophie des Potts gewürzten Kumpellieder oder die Fußballfanhymnen (vor allem für den FC Schalke 04) – Erwin Weiss traf den Ton und hatte den Schmiss, um zum Kultsänger des Ruhrgebiets zu avancieren.

1934 geboren und in einer Bergmannsfamilie mit vier Geschwistern aufgewachsen, hat Weiss unter anderem als Möbelverkäufer gearbeitet, bevor er seinen ersten Plattenvertrag bei Metronome Records bekam. Später veröffentlichte er sich selbst auf seinem Label Dat isset Räkords und brachte dort auch einige der alten Hits neu heraus. Nach einem schweren Autounfall auf der A42 im November 2001 lag der sozial engagierte Sänger monatelang im Koma. Er erholte sich nie vollends von den Folgen des Unfalls und verstarb am 2. Oktober 2008.

Heute sind seine Alben nicht mehr lieferbar und nur noch gebraucht zu oftmals hohen Sammlerpreisen erhältlich. Die Lieder von Ährwin sind aber im Gedächtnis des Ruhrgebiets abgespeichert. Dort überwintern sie ohne die manchmal furchtbare Bontempi-Begleitung, mit der viele der Aufnahmen instrumentiert sind.

Nicht jeder im Pott kennt Ährwins Lieder, aber jeder mag sie. Sofort. Weil sie das in knappe Worte fassen, womit sich manch Ruhrgebiet-Heimatbuch über lange Seiten abmüht: das Liebenswerte am Leben im Revier. In einer sehr freien orthografischen Umsetzung. Eben »ain Kumpäll fom Ruhrpott«.

»Das war toll!«, flötet Enie einige Stunden später als Fazit des Abends. Fast zwei Durchläufe hatte die Ährwin-CD geschafft, bis der Wirt dem Wunsch der nach und nach einströmenden Gäste nach Änderung der Musikfarbe nachgab. Bis dahin hatten sich zwei weitere Stammgäste des Ladens zu uns gesellt, die nach Abschluss der Gesangsstunden die begeisterte Enie lokalpatriotisch in die Zange nahmen und ihr unglaubliche Geschichten über die Schönheit des Ruhrgebiets auftischten. »Da kann'se woanders lange nach suchen …!«

Die Fauna im Park an der Ruhr-Uni erhielt zoogerechte Ausmaße, das Fachwerk der Hattinger Altstadt wurde als einzigartig gepriesen und die neue Skulptur *Tiger & Turtle* im Duisburger Angerpark zur ersten begehbaren Achterbahn erklärt. Ich war erleichtert, dass bei ihren Aufzählungen zumindest auch der von mir bereits gelobte Landschaftspark Nord zur Sprache kam. Enie hat mir wissend zugenickt. Noch ist mein Renommee als Reiseführer nicht vollends unterwandert.

Toll war's, genau. Mein zum Dauergrinsen erstarrtes Minenspiel lässt unschwer erkennen, dass neben den Ruhrgebietshuldigungen auch etliche Getränke die Runde gemacht haben.

Steigerlied – verkürzte Gaspedal-Version

Drück drauf, drück drauf!
Die Steigung kommt.

Weitersingen!
Zehn Lieder aus'm Pott

Natürlich langen die Lieder von Erwin Weiss dicke aus, um einen Ruhri-Singabend auszuschmücken. Die Möglichkeiten zur Weiterbildung sollen aber auch nicht verschwiegen werden. Hier eine bunte Mischung unvermeidlicher wie ungewöhnlicher Lieder aus dem Revier der derben Lebenslust:

1. *Das Steigerlied*. Kategorie: Unvermeidlich XXL. »Glück auf, Glück auf!«

2. *Ich möcht' ein Container sein* – Günther Semmler. Keine Kneipe war vor ihm sicher.

3. *Der Mond von Wanne-Eickel* – Friedel Hensch und die Cyprys. »Nichts ist so schön wie …«

4. *Komm mal lecker unten bei mich bei* – Eisenpimmel. Ruhrslang döööörtieh!

5. *Bochum* – Herbert Grönemeyer. Unvermeidlich, auch wegen: »Ohhh, Glück auf!«

6. *Bottroper Bier* – Jürgen von Manger. Die Melodie von Griechischer Wein in Gerste.

7. *Borbeck Riots* – The Mirror Images. Wir können auch Englisch!

8. *Faust auf Faust* – Klaus Lage. Der Schimmi-Song vom Kino. Unvermeidlich.

9. *Ruhrgebiet* – Wolfgang Petry. Wegen der Lokal-Inbrunst. Aber da muss man tapfer sein …

10. *Nackend am Baggerloch* – Herbert Knebels Affentheater. Besuch an Dylans Himmelstür.

74

Einmal mit, einmal ohne

Essen im Revier

Wie siehtet aus? Noch kurz wat schnabulier'n?«, erkundigt sich Enies neuer Fan Thorben, als wir gemeinsam die Kneipe verlassen.

»Magst du noch was essen?«, übersetze ich.

»Die beste Pizza, wo gibt!«, preist Thorben die Schnellpizzeria auf halber Höhe der Kortumstraße an.

»Aber Pizza kann ich doch überall essen – gibt es hier nicht auch irgendwo was Typisches?«

»Wie, wat Typischet?«

»Na, das was die Leute hier im Ruhrgebiet essen!«, erklärt Enie.

»Die essen Pizza.«

»Quatsch. Ich meine eine Spezialität. Etwas, das man nur hier essen kann. Was deine Mutter zu Hause kocht.«

»Reibeplätzkes?«, schlägt Thorben etwas ratlos vor.

Ich komme ihm zu Hilfe: »Ich glaube, Schnibbelbohnen sind ein regionales Gericht.«

»So wat isst doch kein Mensch mehr! Aber Curry-wurst – die wurd' hier im Pott erfunden.« Thorben mustert mich skeptisch. »Oder gehörs'e zu denen, die behaupten, die Currywurst is' in Berlin erfunden wor'n?«

Ich zucke gleichgültig mit den Schultern. Könnte noch anführen, dass ich auch während meiner Hamburger Zeit immer wieder mal zu hören bekam, die Currywurst sei erstmals an der Elbe aufgetaucht. Seltsam, dass sich drei erwachsene Metropolen (oder sind es sogar mehr?) um so etwas Profanes wie eine Fast-Food-Wurstzubereitung streiten.

»Gleich hier vorne gibtet sogar die Original-Currywurst. Die, über die der Grönemeyer gesungen hat. Kennze? ›Gehs'e inne Stadt, wat macht dich da satt: 'ne Currywurst!‹«

Enie schüttelt den Kopf. Genug der Lieder! Aber eine Wurst möchte sie probieren. Mit Pommes Rot-Weiß. Pommes Schranke.

Die Wurst der Würste

In Berlin tobt ein Glaubenskrieg um die beste und originäre Zubereitung der Currywurst. Die Mauer in den Köpfen zwischen den Wurstbuden Konnopke's (Ost) und Curry 36 (West) scheint alle Zeiten überdauern zu können. In trauter Einigkeit wird dagegen im Ruhrgebiet das Bratwursthaus am Engelbertbrunnen genannt, wenn es um die beste

Currywurst des Potts geht. Natürlich hat jeder Ruhri noch seinen Geheimtipp von umme Ecke, wo die Wurst noch besser mundet, sofern der Mann am Bräter einen guten Tag hat. Aber dem Bratwursthaus kommt entscheidend zu Hilfe, dass dort *die* Original-Wurst angeboten wird. Eben die, die von Herbert Grönemeyer in dem von Diether Krebs und Jürgen Triebel geschriebenen Lied *Currywurst* besungen wird. Sozusagen ein Kulturgut. Noch dazu eines mit Geschichte: Der Imbiss wurde bereits 1952 von der Bochumer Metzgerei Dönninghaus gegründet. Seit dem Umbau 2010 bekommt man dort seine Currywurst nicht nur im Brötchen, sondern auch mit der – für das Ruhrgebiet typischeren – Pommes-Frites-Begleitung serviert.

Bratwursthaus
Kortumstraße 18, 44787 Bochum
www.bratwursthaus.com

Thorben besteht darauf, Enie einzuladen, und bestellt etwas überkandidelt: »Meister! Machs'e uns zwei Curry – einmal mit, einmal ohne?!«

»Die Pommes wat drauf?«

»Pommes Rot-Weiß.«

»In Berlin bedeutet ›mit‹ und ›ohne‹, dass man seine Wurst mit oder ohne Darm haben möchte«, erzähle ich, bevor ich meine eigene Bestellung aufgebe. Thorben grinst mich spöttisch an und flüstert dann Enie zu: »Da siehs'se ma, wat dat für Ferkel da oben sind!«

Die Wurst ist dann allerdings hervorragend. Und einen Nachtisch gibt es auch:

Ruhr im Magen

Wohin mit Essen?
Dort, Mund! Hamm.
Was ich mir in mein Mäulchen ramm',
Ist mitunter richtig viel
(Und erfordert wenig Stil),

Wird abgeschmackt mit Pommes Schranke,
Drum vorab ein frommes Danke
An den Schwerverdauungstrakt,
Dass er auch die Frikka packt.
Dann ist mir der Hauptgang Wurst,
Pilzken löscht den Pennerdurst.

Manna vom Friteusengott
Kommt gut an bei uns im Pott!
Denn das rutscht gut durch den Magen,
Grad, wenn man sich's pur reinzieht,
Spürt man Fettes Unbehagen
Und sein inn'res Ruhrgebiet.

»Einmal die Fahrausweise bitte!«

Obwohl wir nur eine Station lang mit der Regionalbahn fahren, hat uns der Schaffner schnell genug aufgespürt. Ich schrecke aus meinen Gedanken über eine Metrum-Glättung hoch: »Oh, Gott, hast du …?«

Doch Enie winkt mir bereits triumphierend mit der VRR-Tageskarte zu.

Die Gruppentageskarte. Deren günstiger Preis mir heute morgen noch das Gefühl gegeben hatte, eine clevere Wahl getroffen zu haben.

»Da kommt ja unser ÖPNV-Betreuer!«, greint mir Thomas zur Begrüßung entgegen, als ich die Haustür zur Pension öffne. Er scheint geradezu hinter der Tür auf seinen Einsatz gelauert zu haben. Im Hintergrund, an einem der Frühstückstische: Wim und Margret. Sie wärmen sich mit leidendem Blick an ihren Teetassen, als wenn sie soeben vom THW Wattenscheid vorm Kältetod gerettet worden wären.

»Enie!«, seufzt Wim erleichtert. Margret schluchzt kurz auf.

»Ja, ja – eine Tageskarte für Kleingruppen bis fünf Personen. Gar kein schlechter Gedanke. Wenn man sich nicht schon im nächsten Moment weigert, für zwei Pfennig mitzudenken«, merkt Thomas oberlehrerhaft an.

Ich starre den Zahlungsschein des VRR auf dem Frühstückstisch an, blicke auf Margret, schaue Enies Vater an, der seine Tochter umarmt, und versuche, mich mit gequältem Grinsen zu entschuldigen.

»Ich denke, wir gehen jetzt mal schlafen!«, würgt Wim meine Bemühungen ab, vom schwerfälligen Nicken seiner Gattin bestätigt. »War ein anstrengender Tag!«

Im Abgang fällt dann noch die Frage: »Hast du getrunken, Enie?«

Thomas schweigt. Ich stammle: »Wir wurden auch kontrolliert. Um *die* Uhrzeit!«

»Ach, da müssen wir ja geradezu froh sein, dass *ihr* das Gruppenticket hattet! Hat Schweinchen Schlau doch nicht alles falsch gemacht? Bravo.«

»Wir haben das echt vergessen mit dem Ticket …«

»Na, war ja auch eine kniffige Aufgabe, die du da ganz allein zu bewältigen hattest! Das kann einen schon mal überfordern, klar … Mann, die haben mittlerweile 200 Euro fürs Schwarzfahren gezahlt! In zwei Tagen.«

»Puh! Ja, das ist natürlich …«

»Und dann füllt der Herr Dichter auch noch ’ne 17-Jährige im Bermudadreieck ab!«

Thomas verdreht die Augen. »Ich warne dich: Schlepp mir keine Lulu-Lyrik ins Haus! Is’ echt genug für heute – guten Schlaf.«

Alles im grünen Bereich

Das Ruhrtal
und die Seen des Potts

Kein Weckkommando am nächsten Morgen. Ich verschlafe nicht nur das Frühstück, auch die holländische Mannschaft hat bereits das Lager verlassen. Ich wünsche ihnen eine glückliche Hand beim Fahrkartenkauf. Von ganzem Herzen.

Dann brühe ich einen alle Innereien zersetzenden Filterkaffee auf und beschließe, mich am heutigen Tag einmal der Pflege alter Freundschaften zu widmen.

»Hey Mann, Frank! Hab' gehört, du bist im Land?«, begrüßt Andi meinen Anruf.

»Na, ich wollte mir doch nicht Marcs Party entgehen lassen!«

»Trifft sich gut, wir wollen heute 'nen Herrenabend alter Schule machen: Rot-Weiss spielt in der Quali für den DFB-Pokal. Wat sachs'e?«

»Die Begeisterung hält sich in Grenzen.«

»Ach, komm ey – wo du grad da bis', is' dat ja wohl Pflicht! Schmiddi und Bomber sind auch mit am Start. Wie früher.«

»Klingt nach viel Alkohol.«

»Ach, sind doch allet alte Säcke geworden! Dat läuft heutzutage ganz piano. Wir treffen uns um 16 Uhr in der Ampütte zum Vorglühen.«

»Klingt immer noch nach viel Alkohol.«

»Na ja, 'n Alster wird doch schon noch gehen, oder wat?«

Zumindest habe ich nun einen Fixstern in meinem Tagesplan. Und wenn ich schon gen Essen aufbreche, könnte ich das auch gleich mit einem Elternbesuch verbinden. Drei, vier Stunden Zeit sollten da allemal bleiben. Meine Vorfreude auf ein Vorglühen in der Taxifahrerherberge Ampütte ist maßvoll genug, um nicht zu 100 Prozent pünktlich zum ersten Anstoß der Gläser antanzen zu müssen.

Doch ich muss erkennen, dass in meinem Alter eine elterliche Vollbetreuung ohne vorherige Absprache nicht mehr gewährleistet ist: »Donnerstag ist doch unser Fahrradtag!«, wird mir mitgeteilt. »Wir wollen gerade los.« Den Ruhrtalweg entlang, wie jede Woche. »Und heute wollen wir Richtung Dahlhausen hoch bis Witten und einen Abstecher ins Muttental machen. Da sind wir vor Nachmittag ganz sicher nicht zurück. Tja, das ist jetzt aber wirklich schade! Warum sagst du denn nichts vorher?«

Mich überrumpeln solche nunmehr seit Jahren ein-
geschliffenen Änderungen der Gewohnheiten meiner
Eltern stets aufs Neue. Eigentlich weiß ich von ihrem
wöchentlichen Fahrradtag, aber mir fällt es nach wie vor
schwer zu akzeptieren, dass ihnen die neue Marotte des
Radfahrens so wichtig geworden ist. Wobei dies durchaus eine Marotte ist, der plötzlich das gesamte Ruhrgebiet anheimgefallen scheint. Alles fährt seit einigen
Jahren Rad.

Das Ende der Radlosigkeit

Was hat ein erwachsener Mensch auf einem Fahrrad verloren? Im Ruhrgebiet hat sich der Wandel vom Spielzeug
zum Sportgerät, in letzter Instanz sogar zum Verkehrsmittel und Luxusgegenstand, sehr gemächlich vollzogen. Hier
fuhr man seit Generationen Auto, und nur das Smog-Fahr-
verbot im Januar 1985 konnte einen davon abbringen, jede
Gelegenheit zu einer Tour auf den eigenen vier Rädern zu
nutzen. Als wäre es darum gegangen, die Verknappung
anderer Energieträger voranzutreiben, um so der heimi-
schen Steinkohle dauerhaft eine Chance zu geben und die
Arbeitsplätze im Pott zu erhalten. Fahrrad fuhren nur Kinder und seltsame Typen, von denen man munkelte, mas-
siver Alkoholgenuss habe ihnen die Chance auf eine aktive Teilnahme am motorisierten Straßenverkehr vernebelt.
Die bewusste Entscheidung für das Fahrrad als praktisches

Fortbewegungsmittel und Quell körperlicher Ertüchtigung erschien abwegig. Ein Kumpel strampelt nicht. Der »dösige Radfahrer« ist immer noch ein allgemeingültiges Schimpfwort im Revier.

Mit dem Schließen der Zechen und dem damit einhergehenden Zuwachs an Freizeit haben die Pötter dann doch noch das Rad entdeckt. Nicht mehr benötigte Bahndämme und Leinpfade an den Flussufern boten die passende Breite für ein Radwegnetz, das Zug um Zug ausgebaut wurde und mancherorts die Durchquerung kompletter Stadtteile im Idyll von wildem Bahndammbewuchs erlaubt. Der Emscher Park Radweg und der Rundkurs Ruhrgebiet verbinden sich zu der durchgehend ausgeschilderten, 700 Kilometer langen Route der Industriekultur per Rad *(www. route-industriekultur.de/route-per-rad)*. Die in Nord-Süd-Richtung verlaufenden Verbindungswege ermöglichen individuelle Kombinationen von Sehenswürdigkeiten und unterschiedlichste Tourlängen. Wer weniger an den Relikten der industriellen Vergangenheit interessiert ist, kann auf dem sogenannten RuhrtalRadweg den grünen Rand des Potts erkunden (ja, den schreibt man wirklich so – wer immer für die Namensfindung der jüngeren Freizeitattraktionen im Pott zuständig war, wird im FegeFeuer der RECHT.SCHREIBUNG schmoren).

Vom Duisburger Hafen aus geht es flussaufwärts durch das Ruhrtal mit seinen unverhofft malerischen Auen und Stauseen. Mit hinreichend Zeit wie Kondition lässt sich diese Tour auch auf 230 Kilometer bis zum Ruhrkopf im

Sauerland verlängern. Empfehlenswert: der *RuhrtalRadweg Tourguide* mit Beschreibungen der Ortschaften, Sehenswürdigkeiten sowie einer Auflistung von Unterkünften, Gastronomie und Fahrrad-Services auf der Strecke (kostenlos anfordern unter *www.ruhrtalradweg.de*).

Das Ruhrufer ist von behelmten Zweiradbataillonen übernommen worden, die sich bestenfalls noch mit den für den Baldeneysee-Marathon trainierenden Joggern arrangieren. Jedes niedrigere Gehtempo ist heikel, die Ära der Familienspaziergänge und schlendernden Pärchen damit vorbei. Jede von anregenden Gesprächen verminderte Aufmerksamkeit bringt den Fußgänger in unmittelbare Lebensgefahr, von turteligen Knutschpausen wollen wir erst gar nicht reden.

Die Restpopulation von Menschen mit derlei Bedürfnissen drängt sich auf dem Teilstück am Regattahaus Baldeney zusammen, wo der Rad- und Run-Verkehr auf einen Seitenpfad umgeleitet wird. Vermutlich wird Inzest diese einst die Ruhrufer prägende Gruppe dahinraffen.

Ich sehe es meinen Eltern nach, dass sie sich pedalenstrampelnd auf jene Seite der Bevölkerung schlagen möchten, die bei diesem Verdrängungsprozess vermutlich einmal triumphieren wird. Nur: Was tue *ich* jetzt?

Ich erinnere mich an die Liste der Personen, die ich gestern in mein Notizbuch geschrieben habe. Nun werde ich zwar meine per Pfeil in die Top 3 beförderten Eltern heute nicht treffen, aber zumindest die alte Fußballgang um Andi wird später abgehakt. Den Namen »Maike«, der einsam und alleine eine eigene Liste stellt, streiche ich in Gedanken. Bei einem solchen Ausflug zurück in die Kindheit und Jugend sollte man sich vermutlich nicht von hochgesteckten Zielen demotivieren lassen. Insbesondere nicht, wenn einem schon die eigenen Eltern Schwierigkeiten bereiten …

Leicht schwermütig sehe ich ein, dass dem zurückgekehrten Sohn der Stadt nichts wirklich Sinnvolles einfällt, wie er die verbleibenden Stunden bis zum Treffen mit den alten Fußballfreunden nutzen könnte. Am meisten ist mir danach, etwas Vergangenheit einzuatmen, mich nostalgisch anzuwärmen. Ich bleibe aber unschlüssig, was hierfür der passende Ort wäre.

Auf Verdacht mache ich mich gen Elternhaus auf. Ein paar alte Wege abschreiten, wenn schon mal die Zeit dafür da ist.

Der ungerechte Blick des Abgewanderten gibt mir schnell das Gefühl, dass sich hier in den letzten Jahren einige Dinge zum Schlechteren gewandelt haben. Man hat sich einiger Wildwuchsecken angenommen und sie mit Garagenhöfen drapiert. Ein Discounter thront auf dem jahrzehntelang unbewohnt gebliebenen Wiesenstück an der Hauptstraße. Eine deplaziert wirkende Townhouse-Siedlung versperrt die Abkürzung meines früheren Schulwegs. Fast scheint es, als wenn dieser Stadtteil erst nach meinem Wegzug für die Zuteilung von Baumaterial vorgesehen war. Man hat einige Jahre lang munter geplant und planiert, um hier und jetzt das Statement zu machen: Wir sind nicht die Spielwiese für deine Erinnerungen! Wir wohnen hier. Und uns gefällt das so. Nicht alle Veränderungen im Pott sind so auf den Erinnerungstourismus ausgerichtet wie die umgestalteten Ikonen der Industriekultur. Am Stadtrand fühlt man sich weniger der Nostalgie verpflichtet und sorgt sich stattdessen um einen Abstellplatz für seinen Pkw. Wie überall auf der Welt.

Jeder meiner ziellos gemeinten Spaziergänge durch den Essener Süden endet irgendwann an der Ruhr. Für das nördliche Ruhrgebiet mag die Emscher einen solchen Anker bedeuten. Wenn man nicht allzu geruchsempfindlich ist.

Auch die Ruhr hat ihren Geruch. Ein modriger Muff, der sich in die aufgeschütteten Steine der Uferbefestigung gekrallt hat. Diese Steine sind von einem bräunlich-grauen Belag überzogen – Matschschlieren, die etwas Organisches an sich haben und vermutlich von den flockigen Würstchen herrühren, die ab und an im Wasser umhertrudeln. Die kenne ich noch von früher – wie auch den Geruch des Ruhrwassers auf der Haut. Als Jugendlicher ist man trotz und ein bisschen auch wegen des Badeverbots in der Ruhr schwimmen gewesen. Viele ehemalige Badeanstalten am Ufer gaben einem das Gefühl, dass das schon irgendwie in Ordnung geht. Vielleicht ist das Baden in der Ruhr ja nur aus Schusseligkeit oder Amtsmüdigkeit bislang nicht wieder erlaubt worden. »Der sauberste Industriefluss Europas«, so geistert es mir durch den Kopf. Diese oft zitierte, reichlich schöngefärbte Auszeichnung ist ein Lob, das man sich selbst zurechtgebogen hat, um den Bemühungen, die Belastungen des Flusswassers zurückzufahren, einen raschen ersten Erfolg zu gönnen. In der Übersetzung heißt es: Von all den vergifteten Flüssen ist die Ruhr der gesündeste. Doch was zu meiner Kindheit noch Etikettenschwindel war, wirkt heute überzeugend. Sieht eigentlich ganz einladend aus, das Wasser der Ruhr – zwar immer noch weit entfernt von der Farbe Blau, aber erstaunlich klar. Die trübe Schwebpartikelsuppe gehört der Vergangenheit an: Mit der Industrie haben sich auch die Abwässer aus der Ruhr verabschiedet, mancherorts wurden die Uferbefestigungen zurückgebaut, um der Natur Raum zu geben, Kläranlagen wurden modernisiert. Trotzdem bleibt die Ruhr für Schwimmer verboten.

Licht und Luft
am Seaside Beach Baldeney

Das 1937 eröffnete Freibad Baldeney ruht einsatzbereit am Seeufer. Weitflächige Liegewiesen unter alten Bäumen, Stege und Einstiege laden ein zum Badetag im See. Aber das Baden im Baldeneysee ist seit 1973 nicht mehr gestattet. Da auch die künstlichen Becken des ehemaligen

Freibads mit Sand statt Wasser gefüllt sind, bieten die Außenduschen die einzige Gelegenheit, am Strand des Baldeneysees nass zu werden. Trotzdem zahlt man gerne seinen Eintritt, um sich in Licht und Luft zu suhlen, spielt Beachvolleyball im Schwimmbecken oder Minigolf, klettert im Hochseilgarten oder spürt an der Beachbar dem Südsee-Feeling nach. Irgendwann, so flüstert man sich voller Zuversicht zu, wird der See wieder zum Baden freigegeben. Sagt einfach Bescheid! Wir sind eh da.

Freiherr-vom-Stein-Straße 384, 45133 Essen
www.seaside-beach.de

Ich streife von der Zornigen Ameise weiter in Richtung Heisinger Auen. Die sind tatsächlich so idyllisch wie ihr Name, wenn man den unweit entfernten Autoverkehr ausblendet. Selbst an Wochentagen bilden die Trampelpfade beizeiten ein enges Nadelöhr für all die Jogger, Didi Thuraus und auf Ursprungssuche befindlichen Dichter. Doch es ist beglückend zu beobachten, wie sich hier die Sorgenfalten des Potts auflösen und aus allen Kehlen beseelt gejauchzt wird: »Isset nich' schön?!« Ab hier is' Erholung.

Da komme niemand mit zweifelnder Miene daher, wenn ein Pötter nach einem sonnigen Ausflug an den Baldeneysee der Restwelt weismachen möchte, wie grün das Ruhrgebiet doch sei! Die Bereitschaft, einen schmalen Streifen Naturbelassenheit und einen künstlich ausgehobenen See als Paradies zu begreifen, ist einer der pragmatischen Zusatzstoffe der hiesigen Muttermilch. Der Vorteil an der ganzen Sache: Unsere Urwälder sind alle gut mit dem Auto erreichbar. Und man begegnet ausschließlich gut gelaunten Leuten.

In Brandenburg stolpert man ja bisweilen Wege entlang, auf denen man schon zu Staub verfallen wäre, bevor der nächste Wanderer an dieser Stelle vorbeikäme. Der Spaziergänger im Pott ist dagegen fortwährend Beteiligter eines Überholvorgangs, sei es aktiv oder passiv. Und Brandenburger hätten bei diesem Verkehr keinerlei Überlebenschance.

Das Verwässern der deutschen Sprache
unter Verwendung eines nahe liegenden Stausees
nach der Flutung

In Bälde schallt's in Bayern: »Mei,
I see den See called Baldeney!«

Der Pott staut:
Da seh'n Se ma'! Seen!

Wir können auch an der Erdoberfläche buddeln! 1931 bis 1933 machten sich Essener Schaufelschwinger daran, mit primitivem Werkzeug die Aufstauung des Baldeneysees in die Tat umzusetzen. Sechs Stauseen wurden an der Ruhr von Ende der 1930er-Jahre bis 1950 angelegt, die die Wasserversorgung des Ruhrgebiets und die Reinigung des Flusswassers gewährleisten sollten und heute als Naherholungs- und Sportstätten dienen. Der Baldeneysee ist mit 2,64 Quadratkilometern Fläche der mit Abstand größte der Stauseen. Seine ausgiebig genutzten Fuß- und Radwege haben eine Länge von 14 Kilometern und sind Schauplatz eines seit 1963 veranstalteten Marathons.

Weniger ausdauernde Läufer werden von der Weissen Flotte Baldeney von Ufer zu Ufer befördert *(www.flotte-essen.de)*. Aber auch am Kemnader See zwischen Bochum und Hattingen scharen sich die Spazierwütigen, und das Duo Hengstey- und Harkortsee ist ein beliebtes Ausflugsziel am Dortmunder Rand des Ruhrgebiets. Die Duisburger Sechs-Seen-Platte kommt dagegen völlig ohne angestautes Ruhrwasser aus und ist ein Resultat der Kiesbaggerei. Dafür darf man in einigen von ihnen offiziell baden! Einen See weiter kann man am Strandbad Wedau sogar Wasserski fahren.

Freibad Wolfssee

Kalkweg 262a, 47279 Duisburg
www.freibad-wolfssee.de

Strandbad Wedau

Bertaallee 10, 47055 Duisburg
www.strandbad-wedau.de

Nach einer Viertelumrundung des Baldeneysees schlage ich mich auf der Heisinger Seite in die Büsche und nehme den zur Isenburg ansteigenden Pfad.

Kiss Me Kiss Me Kiss Me

Heimliche Burgen
und anderes Verborgenes

Die Ruine der Neuen Isenburg ist ein beliebter An-
laufplatz für das Arrangement erster Knutsche-
reien. Der übliche Ablauf sieht so aus: Mit einer jugend-
lichen Kleingruppe geht man vom Parkplatz bei der
Gaststätte Heimliche Liebe den düsteren Weg zur Isenburg entlang.

Man läuft lang genug, dass immer irgendwer mit einer
neuen Variante der Geschichte daherkommt, dass auf
diesem Weg ja einmal zwei (bis zehn) junge Menschen
gewaltsam zu Tode gekommen wären. Manchmal spielt
auch das einsame Haus, dessen Silhouette man unterwegs erblickt, eine unheimliche Rolle in diesen Legenden. Auf dem illegal eroberten Burggelände werden dann
die dürftigen Brennholzbestände der näheren Umge-
bung zusammengetragen (man ist nun einmal nicht der
Erste, der auf diese Idee kommt) und zu guter Letzt ein

streng verbotenes Feuer entfacht. An dem dürfen die Übriggebliebenen verweilen, während sich die vorhersehbaren Pärchen ihre Plätzchen auf den breiten Außenmauern suchen. Die gespielte Höhenangst eines der Beteiligten beim Balancieren auf der Mauer bietet dann Gelegenheit zu einer eröffnenden Berührung. Und fertig ist die Laube. Auf dem Rückweg zur Heimlichen Liebe ist die neue Liaison dann bereits spruchreif für das nächste Pausengespräch.

Ich erinnere mich an Maike, die ich vor mehr als zwei Jahrzehnten einmal – alle Schüchternheit überwindend – zu einer der Außenmauern gelockt hatte, um mich dann – aller Schüchternheit erliegend – mittels eines Gesprächs über die siebte Cure-Platte in eine Sackgasse der Anbandelei zu flüchten. Trotz beiderseitigem Interesse und korrektem Vollzug der ersten Schritte verbuchten wir im Ergebnis lediglich ein gemeinsames Gespräch über ein minderwichtiges Thema auf der Habenseite. Das hatte in den Folgewochen diverse Selbstzweifel zur Folge. Und trieb Maike in die wesentlich schneller arrangierte Beziehung zu einem Oberstufler.

Erst neulich habe ich an einem melancholischen Nachmittag einer Reihe der Mädchen hinterhergegoogelt, für die ich während meiner Pubertät geschwärmt habe. Bei Maike blieb ich – abermals – erfolglos. Sie trug einen dieser im Ruhrgebiet häufigen Nachnamen polnischen Ursprungs, die mal mit »-vzky«, mal mit »-wski« enden. Auch alle anderen geläufigen Buchstaben-Kombinationen dieser Endung lieferten kein Ergebnis. Allerdings scheint nicht gerade unwahrscheinlich, dass Maike zwischenzeitlich den bereits zu Schulzeiten ungeliebten Namen via Hochzeit abgelegt hat.

Nach der Schulzeit ist der Kontakt schnell abgebrochen. The Cure haben dann ja auch immer seltener neue Alben veröffentlicht.

Verblasste Chance
(an der Heimlichen Liebe zu Heisingen)

Hei, singen wir heut' von der heimlichen Liebe,
Der'n Unheimlichkeit ich einst schüchtern gescheut!
Doch wäre anheim ich gefall'n ihr – was bliebe?
Vielleicht hätt' ich's einfach nur gleich schon bereut.

»Können Sie vielleicht ein Foto von uns machen?«, fragt der überfrisierte Knabe, der mit seinem Mädchen am Außenring der Burg herumturtelt. Ich übernehme die Kamera und verfolge im Display, wie der Bengel seinen Hänflingskörper auf engste Tuchfühlung zu dem auf der Mauer wartenden Mädel bringt. Sie – im kurzen Sommerkleid und mit zum Pferdeschwanz gebundenem Haar – Mädchen pur. Er – leggingsartige Jeans, Holzfällerhemd, schwarze Chucks und eine seltsam gegelte Haarkappe – eine zwischen Kurt Cobain und Robert Smith changierende Reminiszenz an meine eigene Jugend. Beide setzen ein Fotolächeln auf, das mir das Signal zum Abdrücken gibt.

»Vielleicht noch eins? Zur Sicherheit?«, frage ich, als sich ihr Gesichtsausdruck wieder entspannt. – »Ja, das ist besser geworden!«, entscheide ich nach dem zweiten Foto und gebe den beiden die Kamera zurück. Sie betrachten zweifelnd das Display, triezen sich neckisch wegen der dort erscheinenden Fotos. Ich kann ihr Gekichere noch hören, als ich die Isenburg schon längst hinter mir gelassen habe. Man sollte ihnen den Tipp geben, den genauen Namen des anderen irgendwo zu notieren, bevor's zu spät ist. Aber lassen wir das.

Von Festen und Resten

Auch vor der Regentschaft der Fürsten von Kohle und Stahl gab es Herrschaften, die Boss im Pott waren. Deren bescheidene Feudalbauten von Schloss Herten über Schloss Borbeck bis zu Schloss Horst in Gelsenkirchen vermögen dem gemeinen Sanssouci-Schlenderer natürlich nur ein müdes Gähnen hervorzulocken. Jeden handelsüblichen Gangsta-Rap-Deppen schmücken beeindruckendere Klunkerschätze. Aber als Hochzeitskulisse und lauschiges Ausflugsziel erfüllen diese Herrenhäuser noch heute eine wichtige Funktion. Oftmals sind sie von reizvollen Parkanlagen, Wassergräben oder wuchtigen Wäldern umgeben – Behelfsoasen des im Pott so selten aufzuspürenden Prunks.

Doch in Sachen Romantik geht nichts über die Burg-
ruinen auf den Klippen des Ruhrtals. Die Ruinen der Isenburg in Hattingen und der Neuen Isenburg in Essen thronen
stimmungsvoll über dem Baldeneysee beziehungsweise
der Hattinger Ruhrschleife. Beide Ruinen sind kostenlos zu
besichtigen. Wie immer punktet das Ruhrgebiet am über-
zeugendsten, wenn es um dem Verfall überantwortete
Gebäude geht, deren Interieur unlängst ausgeschlachtet
wurde. Kaputt geht irgendwie immer und hat fast nirgendwo so viel Charme wie hier.

Mein Reden!

Nach einem Schlenker über das Jagdhaus Schellenberg gelange ich zur Bushaltestelle Schöne Aussicht. Schlechte Aussicht: Ich habe den Bus Richtung Rüttenscheid um eine Minute verpasst. Außerdem hält er ohnehin nicht wie erhofft auf Höhe des Rüttenscheider Sterns. Das wird mir zu kompliziert. Ich winke ein Taxi heran.

»Hasse wat Ansteckendet?«, schmunzelt der mit einer Allzweckweste ausgerüstete Rentner, als ich aus Berlin-Gewohnheit eine der Hintertüren öffne. Der alte Fehler. Ich wechsle nach vorn auf den Beifahrersitz und entschuldige mich.

»Berlin eben«, erkläre ich dem Fahrer. Mir zuliebe schaut der Mann amüsiert und völlig überrascht drein – er will mir die Illusion lassen, ihm tatsächlich etwas Neues aufgetischt zu haben.

»Und – da kannze leben?«, fragt er scharf.

Ich beeile mich zu beteuern, dass ich natürlich immer wieder gerne in den Pott zurückkehre, aber man habe ja manchmal nicht die Wahl, in welcher Stadt man seine Zelte aufschlagen muss. Mein Ziel, Ampütte, stimmt den Mann dann aber versöhnlich.

»Ja, von seine Heimat – da komms'e nich' widda von los, wa? Is' klar.«

Eine bewundernswerte Selbstverständlichkeit stützt den Mann in seiner Aussage. Zumal er den Rest der Fahrt für eine Schimpftirade über die Stadt und Planungsverantwortliche nutzt. Auslöser sind der neugestaltete Stadtwaldplatz und eine uns benachteiligende Ampelschaltung.

»Da frags'e dich, wat der Mist nu' wieder soll hier! Nur Mist machen die, nur Mist! Ählich.«

Willkommen im Pott! Ein Urteil über eine Sache einfach in verschiedenen Varianten zu wiederholen und einem auf diese Weise verstärkt einzubläuen, ist eine gängige Schimpftechnik, die mir sympathisch ist. Eine Argumentlosigkeit, die mich sofort auf die Seite des Motzers zieht. Das wird schon alles Mist sein. Ählich.

Zum Abschluss verrät der Mann mir noch, dass die Frikadellen in der Ampütte nicht mehr das wären, was sie mal waren. In vielen Orten genügt eine Taxifahrt für eine hinreichende Schwarz-Weiß-Stigmatisierung der relevanten Themen. Hier allerdings gerät sie zur Predigt.

Ich nehme also das Gulasch. Und bleibe für den Rest des Nachmittags zwei Bierdeckelstriche hinter den anderen zurück.

Mit dem Alkohol schwemmt sich der Ruhrpottdialekt in mein Reden und auch Andi, Schmiddi und Bomber suhlen sich eifrig in der hiesigen Sprachmelodie. Alle drei sind mittlerweile in berufliche Positionen vorgedrungen, in denen das Training für derartige Aussprachekapriolen tagsüber zurückstecken muss. Aber für das Reden und Schimpfen über Fußball gibt es keinen dankbareren Dialekt. Das ist zumindest unsere stille Übereinkunft.

Dem Wirt werden wir hierdurch gleich sympathischer. »Bei euch noch vier Pilzken?«, flötet er uns generös entgegen, als wären wir eingeladen und es eine seiner größten Freuden, für unseren Biernachschub zu sorgen. Aber natürlich landet jedes Mal ein weiterer Strich auf unseren Deckeln.

So spricht der Ruhrpott:
Hart aber herzlich

Ein in keiner Weise legitimiertes Duzen, ein haarsträubender Dativgebrauch, schnoddrige Artikulation und Wortgebilde, die von jedem Spam-Filter angemahnt würden: All das wird Ihnen bei einer Reise durch den Ruhrpott begegnen. Nehmen Sie es locker!

Manch Stichelei mag auf der Grenze zur handfesten Beleidigung tänzeln, aber Ihr Gegenüber möchte damit nur seine besondere Schlagfertigkeit unter Beweis stellen.

Es ist also nichts Persönliches, im Gegenteil – er unterstreicht damit lediglich, dass man die lockere Gesprächsatmosphäre für bare Münze nehmen darf. Pensionsbesitzer Thomas könnte zum Beispiel der Familie Stevens das Lüften ihres Zimmers mit folgendem Satz anraten: »Bei euch riecht's auch schon wie bei Omma unterm Rock!« Da sollte man dann einfach kurz bestätigend grinsen. Und das Fenster öffnen.

Der Ruhrpottdialekt hat es – wie vermutlich alle Sprachvarianten des Deutschen – zu einer Asterix-Version und einigen Wörterbüchern gebracht. Und auch diverse Comedians drängen sich in die Tradition von Adolf Tegtmeier (die Paraderolle des großartigen, 1994 verstorbenen Kabarettisten Jürgen von Manger) und versuchen die Type des ungehobelt-ehrlichen Prolls mit Leben zu füllen.

Natürlich spricht kein Mensch in freier Wildbahn wirklich so. Allein schon, weil man sich der nicht korrekten Grammatik und des wenig gesellschaftsfähigen Timbres seines Slangs durchaus bewusst ist. Das selbstgefällige Aufzwängen scheußlichster Auswüchse der eigenen Mundart, wie es im süddeutschen Raum gelegentlich ausgelebt wird, findet man eher befremdlich. Dialekt, das ist was für zu Hause.

In voller Breite aktiviert man den Ruhrgebietsdialekt nur in Momenten höchster Empörung oder Gemütlichkeit. Die Sackschaukeltemperatur muss eben stimmen. Und wenn Ihnen das Wort »Sackschaukeltemperatur« begegnet, herrscht sie vermutlich auch.

»Boah, haut mir ab mit eure Fottfingers hier!«, mahnt Schmiddi den Rest der Runde, der immer wieder einzelne Pommes von seinem Teller klaubt.

»Denn schon heißtet: Haut ›mich‹ ab«, korrigiert Andi. Bomber giggelt.

»Wenn ich einz nich' abkann, dann so 'ne Assis, die einen im Essen rumfummeln«, rechtfertigt sich Schmiddi.

»Mann, kack hier nich' rum wegen die paar Pommes, du Eumel!«, beendet Bomber die Diskussion und greift sich eine weitere Fritte. Wir folgen seinem Beispiel.

»Hier noch vier Pilzken?«, flötet der Wirt.

Bevor Andi, unser Fahrer, noch einmal darauf hinweisen kann, dass wir bereits etwas spät dran sind, ist die nächste Runde bestellt. Schmiddi nutzt die Ablenkung und flüchtet mit seinem Teller an die Theke.

»Alter, du has' ja so wat von einen anner Klatsche!«, schimpft Bomber ihm hinterher.

»Bestellt euch gefälligs' 'ne eigene Portion!«, protestiert der Deserteur.

»Nee, du – die schmecken doch gar nich' …«

Vom Rausch der dialektalen Fluten ergriffen, notiere ich mir gut gelaunt ein paar Zeilen. Dicht darunter mahnen fettige Fingerabdrücke das in der Ampütte geschehene Unrecht an.

Überlebensstrategien regionaler Witz-Evergreens.
Heute: Der Sprecherwechsel

Kennen Sie den Witze-Dino –
A: »Wo gehs'e?« B: »In Kino«?
Des' Niveau zunächst noch fad is' –
A: »Wat läuft da?« B: »Quo Vadis.«

Weil das Dol-Match er nicht meistert,
Fragt der A den B: »Wat heißtat?«
Worauf jener unverzagt
Wiederum »Wo gehs'e« sagt.

Jetzt sagt A statt B: »In Kino.«
Darob ward's ein Witze-Dino,
Denn so geht es immer weiter:
Sprecher: wechselnd – Stimmung: heiter.

Zehn Grundlagen der pöttischen Sprache

1. Pronomen verschmelzen mit dem voranstehenden Verb: »hasse« statt »hast du« – »könn'se/könn'Se« statt »können sie/Sie«.
2. Kasuspräferenz Dativ vor Genitiv: dem Manfred sein Auto

3. Kasuspräferenz Akkusativ vor Dativ: Geh mich weg!
4. Nominativ-Objekt: Wat is' mit deine Plörren?
5. Doppelplural: Wat is' mit deine Plörrens?
6. Großzügiger Gebrauch von Füllworten: Kerl ey, wat is' 'n getz mit deine Plörrens hier?
7. Fülle von starken Worten (gerne aus dem fäkalen und sexuellen Umfeld): Furzknoten (Kind), Wichsgriffel (Finger), Pissnelke (gering geschätzte Person)
8. Erweiterter Infinitiv mit »am«: Wat is' er denn da getz schon wieder am machen?
9. Vergleich mit »wie« oder »als wie«: Der Pott is' sowieso schöna (als) wie Bayern!
10. Adverbiale Bestimmung der Richtung mit »nach«: Gehs'e heute nach deine Eltern?

Budenzauber

Kioskkultur an der Ruhr

L ass ma' noch 'n Wegbier besorgen!«, schlägt Bomber
vor, als wir uns reichlich spät zu Andis Wagen aufmachen. »Da vorne is''ne Bude.«

Andi seufzt für alle hörbar auf. Er hat sich als Fahrer
in der Ampütte schweren Herzens zurückgehalten und
den Rundenbestellungen dezent ein paar Mineralwasser untergemischt. Nun fehlt ihm der Pegel, um in unseren jungenhaften Verzögerungsspielchen den Witz zu
erkennen. Er ignoriert geflissentlich, dass Bomber und
Schmiddi in die Seitenstraße abbiegen möchten.

»Ey, Andi, wo gehs'e?«, protestiert Schmiddi ihm
hinterher.

»In Kino«, lautet die genervte Antwort.

»Nee, wir woll'n vorher noch anne Bude.«

Wir landen vor einer Bude alten Schlags. Eine, die
sich noch als Herzstück des Reviers fühlen darf. Vielleicht ist es mehr meine nostalgische Verklärung als der

aktuelle Nutzwert – aber ich bin immer froh, dass es sie noch gibt, die Bude an der Ecke. So, wie man sie aus der Kindheit kennt: mit einem angesichts des zur Verfügung stehenden Raums unglaublichen Angebot von der Fernsehzeitschrift bis zum Toastbrot. Schrill durchmischt bietet sich das Sortiment aus der komplett vollgepackten und mit Werbeaufklebern zugepflasterten Nische an. Der Verkauf erfolgt aus einem Schiebefenster, zu dem man den Verkäufer mit einer am Fensterrahmen montierten Klingel ruft. Nur die ganz Großen der Szene verfügen über eine Tür, durch die der Kunde den Verkaufs- und Lagerraum betreten kann. Rund um die Uhr und selbst an Sonntagen versorgt ein Budenverkäufer die Menschen mit Shampoo, stellt eine Klümpkes-Tüte zusammen oder öffnet angetrunkenen Fußballfans – inoffiziell – das Wegbier. Für Anwohner und Stammgäste gibt es obendrein noch kostenlosen Nachbarschaftstratsch, einen Klage-Sermon über das Wetter oder einen Kommentar zur aktuellen *BILD*-Schlagzeile. Wer im Pott seine Besorgungen trotzdem lieber an der 24/7-Tankstelle erledigt, darf sich getrost als Verräter fühlen.

Ich fühle mich indes definitiv zu angesäuselt, um ein weiteres Bier vor Spielbeginn in Erwägung zu ziehen. Außerdem fällt es mir wie immer schwer, das Süßwarenangebot zu ignorieren, das an den meisten Buden in durchsichtigen Schubfächern oder in aufeinandergetürmten Plastikzylindern feilgeboten wird. Die Schubladen haben kleine aufgeklebte Nummern und man tastet sich Stück für Stück – »zu 20 Cent von der Neun« (gleich: vier Brausebonbons) – bis zur Gesamtbestellung – »eine gemischte Tüte zu zwei Euro« – heran. Das kann mitunter schon mal ein Viertelstündchen dauern und verlangt vom Budenbesitzer ein gutes Zählvermögen, Kopfrechnen und sehr viel Geduld. Die ganz Cleveren unter den Kioskinhabern bieten deshalb bereits abgepackte Mischungen zu runden Euro-Beträgen an. Über diesen Weg lassen sich auch die Ladenhüter ihres Sortiments entsorgen. Mir signalisieren die prominent platzierten Tütchen: Nerv jetzt bloß nicht mit einer Marathon-Bestellung, ich hab' Besseres zu tun! Ich entscheide mich daher für: »Einmal die hier, die Tüte zu zwei Euro mit den Schlümpfen unten drin. Und ein Malzbier.«

»Danach dann aber wacker zurück bei Mama auf'n Arm!«, kommentiert der Mann hinter der Fensteröffnung meine Bestellung. Bomber und Schmiddi nehmen grinsend ihre zwei Flaschen Stauder entgegen. »Hier, Jungs – und futtert eurem Balletttänzer nich' die ganzen Schlümpfe weg!«

Auch ich lächle. Das geht schon in Ordnung. Ein Kinderleben lang haben mich diese frechen Cousins der Tante-Emma-Läden mit Salmiakpastillen, Brause-Ufos, *Yps*-Heften und Panini-Bildern versorgt. Denen werde ich auch den Rest des Lebens lang nichts krumm nehmen. Die Weingummis und Lakritze in der zusammengepanschten Tüte haben den charakteristischen wächsernen Budengeruch, auf den ich schon früh angefixt wurde. Aus diesen gemischten Tütchen schmeckten mir sogar Bonbonsorten, die ich sonst nie und nimmer angerührt hätte. Zum Beispiel die verdächtig nach Medizin schmeckenden Knöterichpastillen und die überaus ungesund glänzenden Silberlinge. Würde mich nicht wundern, wenn die irgendwann einmal auf den schwarzen Listen der Gesundheitsbehörden gelandet wären.

Unser Dealer ruft uns noch launig hinterher: »Und dann betet kräftig, dass eure Gurkentruppe heute mal ein halbwegs anständiges Spiel abliefert!«

Er darf das.

An Anne Bude
(Schwitters im Twitterformat)

Anne Bude, schönet Gör
Tust den ganzen Pott versorgen
Mit Geklön, Gedöns und möhr
Danke, Anne – und bis morgen!

Schützenswertes Kulturgut:
die Bude

18.000 Büdchen soll es im Ruhrgebiet geben. Deren Geschichte begann in der zweiten Hälfte des 19. Jahrhunderts als Seltersbuden und Trinkhallen, in denen erstmals abgefülltes Mineralwasser und andere alkoholfreie Getränke angeboten wurden – als Alternative zu Bier und Schnaps, womit die Arbeiter vorrangig ihren Durst stillten. Das Angebot solcher Verkaufsstellen voranzutreiben, war auch von dem Motiv getrieben, dem grassierenden Alkoholismus unter den Arbeitern zu begegnen (eine Aufgabe, der die Buden der Gegenwart ohne Frage deutlich schlechter nachkommen).

Insbesondere in der Nachkriegszeit wurde das Sortiment stetig um Artikel wie Tabak, Süßigkeiten, kleine Speisen und Zeitungen erweitert. Diese oft an den Werkstoren und Haltestellen von Zechen und Hütten gelegenen und im Familienbetrieb unterhaltenen Kioske verloren mit dem Ende der Montanindustrie ihre Kundschaft.

Für die überlebenden Buden schwindet heutzutage auch der Wettbewerbsvorteil unbegrenzter Öffnungszeiten zunehmend. Doch Nostalgiker, Künstler und Soziologen bilden eine Allianz zum Schutz der Bude. Ihre soziale Funktion als Treffpunkt wird zum Thema wissenschaftlicher Arbeiten, Ausstellungen und Fotobände präsentieren ihre Einzigartigkeit. Einige Buden stehen mittlerweile gar unter Denkmalschutz – weil sie als bauliche Zeugnisse der Nahversorgung eine historische Bedeutung für das Leben in den Städten haben.

Buden-Denkmäler sind zum Beispiel die Bude am Wrangelplatz in der Kolonie Kirdorf in Dortmund und die Bochumer Kitsch-Bude am Castroper Hellweg 365 (sie wird seit 1997 allerdings nicht mehr als Trinkhalle betrieben). Lebendige Budenkultur zeigt der Kioskclub Museum Ostwall auf Spaziergängen und Fahrradtouren (1. KCMO 06 e.V., *www.kcmo.de*). Ansonsten hat jeder Pottbewohner sicherlich einen Tipp parat. Im besten Fall finden Sie die nächste Bude gleich umme Ecke.

Hau weg, die Pille!

Fußball im Revier

Kennze eigentlich schon unsa neuet Stadion?«, fragt
Bomber. »Voll Premium. Damit geht's getz in die
Erste Liga!«

Ich rechne kurz nach, wie viele Jahre nötig sind, um
dieses Ziel zu erreichen. Sofern Rot-Weiss Essen tatsächlich jedes Jahr der Aufstieg in die nächsthöhere
Klasse gelingen sollte. Toi, toi, toi.

»Aber die Stadionwurst taugt immer noch nix!«, wendet Schmiddi klagend ein. Die von uns dezimierte Portion Pommes hat seine Sorge über ausreichende Nah-
rungszufuhr nur kurz bändigen können. »Da musste
schon in die Lohrheide nach Wattenscheid 09 fahr'n.«

»Jo«, bestätigt Andi, »hab' ich im letzten Monat noch
'ne ganze Halbzeit am Würstchenstand verbummelt.
Die beste Wurst wo gibt. Hat selbs' der Klopp gesacht.«

Schon wieder ist es Bochum, das sich in Sachen Wurst
hervortut. Eine wahre Wurststadt.

Bomber setzt da andere Prioritäten: »Haben die in Wattenscheid denn noch Alk im Bier?«

»Is' doch egal. Wenne die Mannschaft spielen siehs', denxe eh, du hätts' einen im Kahn!«

»Dat denk ich bei Rot-Weiss aber auch immer.«

»Du *hast* ja auch einen im Kahn!«, mahnt Andi an.

»So besoffen wie die Jungs auf'm Rasen kann ich gar nich' wer'n …«

Der Mythos
»Fußball von hier«

Sonntags war Fußball. Nach einer harten Woche im Pütt oder beim Abstich trottete der Vater mit dem Sohne gen Stadion, um ihre Jungs laufen zu sehen. Die Spieler auf dem Platz hatten unter der Woche vielleicht sogar in der gleichen Schicht malocht. Zumindest kamen sie aus der gleichen Siedlung. Oder der weiteren Nachbarschaft. Auf jeden Fall war die Identifikation mit der kompletten Mannschaft gegeben. Das hat sich in die Jetzt-Zeit gerettet, obwohl die Balltretermillionäre im seltensten Fall noch aus dem gleichen Land wie Vater und Sohn kommen.

Fußballleidenschaft ist ein gut gepflegtes Leiden im Ruhrgebiet. Es gibt viele traditionsreiche Mannschaften, die sich in eine langwierige Aussichtslosigkeit hineinmanövriert haben und dennoch beherzte Jünger um sich scharen, deren Fanatismus ein Fall für das Guinness-Buch der

Rekorde wäre. Keine Region ist enger mit Teams bestückt, die Fußballgeschichte geschrieben haben. Doch neben den Primadonnen Borussia Dortmund und Schalke 04, die im Jubeljahr 1997 beide europäischen Titel ins Revier holten, gerät der Rest allmählich in Vergessenheit:

1. VfL Bochum: 34 Jahre in der Ersten Bundesliga, dort vermisst seit 2010
2. MSV Duisburg: 28 Jahre, vermisst seit 2008
3. Wattenscheid 09: vier Jahre, vermisst seit 1994
4. Rot-Weiss Essen: sieben Jahre, vermisst seit 1977
5. Rot-Weiß Oberhausen: vier Jahre, vermisst seit 1973

Wie dünn das Eis des Strukturwandelbewusstseins der Pottbewohner ist, ließe sich in Essen leicht mit folgender Frage ergründen: Was würde der Stadt mehr Aufschwung bescheren – ein weiteres Kulturhauptstadtjahr oder der Aufstieg von Rot-Weiss Essen in die Dritte Bundesliga? Es mögen da stadtteil- oder geschlechtsspezifische Unterschiede zutage treten, aber klar ist: Fußball gehört zu den Grundfesten pöttischen Selbstbewusstseins. Jede Stadt möchte ihren Verein in den oberen Ligen spielen sehen.

Als ökumenisches Gemeindeblatt der Fan-Jünger im Ruhrgebiet fungiert die Zeitung *RevierSport*. Die erscheint gleich zweimal in der Woche, widmet sich trotz des ausschweifenden Namens doch vornehmlich dem Fußball und füllt die Lücke zwischen Stadionzeitung und *kicker*. Dort erfährt man dann auch, in welcher Liga die Oberhausener Kleeblätter mittlerweile gelandet sind.

Dass das Geschäftsmodell einer regionalen Fußballzeitschrift trägt – und dies bereits seit 1987 –, belegt die Besessenheit, mit der der Pötter seinem Ballsportinteresse nachgeht. Manchmal schwingen sich die Fan-Völker zum Schulterschluss zusammen und bieten mit dem Schlachtruf »Ruhrpott!« Waffenstillstand an. Ansonsten herrscht unerbittliche Feindschaft unter den Lokalrivalen. Da hält mancher Hardliner sogar zu Bayern München, wenn diese wie 2001 den Schalkern die kürzeste und tragischste Meisterschaftsfeier der Welt bescheren – charakterliche Abgründe, von jahrelanger Feindschaft geschürt.

Mit dem Anpfiff versteinern sich die Gesichtszüge Andis. Ab hier ist Schluss mit lustig. Ab hier wird gelitten. Andi ist eine Eminenz unter den Stehtribünenfans. Es dauert eine Weile, bis er die wichtigsten Personen im dort versammelten Pulk zur Begrüßung abgeklatscht hat. Wir anderen stehen etwas blödsinnig daneben. Andi trägt stets zwei Schals bei jedem Heimspiel. Selbstgestrickte. Nachdem er zum ersten Mal von seinem Vater in das Georg-Melches-Stadion an die Hafenstraße mitgenommen wurde, hat seine Mutter dem begeisterten Jungfan einen Schal in den Farben rot-weisser Treue gestrickt. Dieser Schal feiert bald 35. Geburtstag. Im roten Bereich hat er etwas Farbe eingebüßt, das Weiß ist etwas angeschmuddelt, trotzdem gehört das gute Stück mitsamt dem aktuellen Schal zu Andis Pflichtgarderobe eines jeden Abends auf der Stehtribüne. Ein Schal für die Historie, ein Schal für die Gegenwart. Mutter Andi hat nämlich über die Jahre fleißig weitergestrickt. Zu jedem Aufstieg von RWE hat sie ihrem Sohnemann ein neues Exemplar mit Jahreszahl vermacht. Da RWE eine häufig absteigende Mannschaft ist (womit ja erst die Grundvoraussetzung für regelmäßige Aufstiege in einem nach oben geschlossenen System wie der Bundesliga erfüllt ist), kamen im gefühlten Zweijahrestakt weitere Schals dazu, die an Triumphe wie den Wiederaufstieg in die viertklassige Regionalliga erinnern. Diese Schals drapiert Andi mittlerweile auf der Rücksitzablage seines Fiesta. Der sich stetig verengende Sehschlitz wird irgendwann einmal zur Verkehrsuntauglichkeit des Wagens führen.

Meisterschalen und Schales meistern

Wenn die blau-weißen Knappen ganz knapp unterliegen
Die Borussia in Russia versäumt hat zu siegen
Ringt der Ruhrpott mit der Fassung
Und tränenreich geht's gleich zur Trainerentlassung

Doch wie kling'n erst derer Klagen
Die durch stete Niederlagen
Strandeten in Unterligen
Während and're munter siegen?

Ach, wat leiden all die treu'n
Fans von Wattenscheid 09!

Fehlt dem VfL die Spannkraft
Zum Comeback als Fahrstuhlmannschaft?
Ist für Zebras kein Zaub'rer der Ballkunst zu kriegen
So ein Kleeblatt ja eh wat für untere Ligen?
Werd'n irgendwann wohl die Rot-Weissen
Auch mal wieder etwas reißen?

Tradition schießt keine Tore
Ohne Kohle in der Lore
Setzt du keine Fußballtrends!
(Dat erklär ma' deine' Fans …)

———————————

»Wat für ein Murksspiel!«, seufzt Andi.

Schmiddi wird expliziter: »Schöne Pause, ihr Saft-säcke!«, schreit er in das sich für 15 Minuten leerende Rund. Nicht wenige Rot-Weiss-Fans auf dem Rang stimmen murrend mit ein.

»Ja, genau!«

»Saftsäcke!«

»Ihr wollt Rot-Weisse sein?!«

Das Schimpfen im Revier ist eine besondere Form der Selbstkasteiung. Man geht hart ins Gericht, vor allem mit Dingen, an die man sein Herz längst unwie-derbringlich verloren hat. Außer in Fußballstadien lässt sich solch ein Schimpfen auch zu den Themen Ruhr-gebiet und Heimatstadt sowie zur Politik und perso-nellen Besetzung der seit Ewigkeiten gewählten Partei lostreten. Aber wehe, man pflichtet als Außenstehender, Nicht-Fan oder Bayer den Klagen bei – dann heißt es: In Deckung gehen! Stante pede wird aus dem schimpfenden Rohrspatz ein glühender Verteidiger von allem Preiswerten der Region oder des Vereins. Das pöttische Schimpfen ist vielmehr eine Aufforderung an den außenstehenden Zuhörer, die passenden Gegenargumente zu äußern, zumindest Beschwichtigungen auszusprechen. Der Kreis der für das gemeinsame Schimpfen in Frage Kommenden ist dagegen sehr, sehr eng.

»Wat für ein Murksspiel!«, wiederholt Andi später auf der Spitze der Schurenbachhalde. Ein guter Platz, um wieder runterzukommen. Wenngleich dies heute Abend nicht für Schmiddi und Bomber gilt. Die beiden sind, kaum dass sie sich auf der Rückbank von Andis Wagen breitgemacht hatten, in einen komatösen Schlaf gefallen. Nun schnarchen sie am Fuße der Halde im Fiesta vor sich hin. »Dat geht getz schon die ganze Saison so. Et is' einfach nich' zu fassen!«

»Na ja, kann deine Mutter dieses Jahr wohl 'ne Strickpause einlegen ...«

»Für mich is' dat heute sowieso ers' ma' dat letzte Spiel gewesen.«

Bang! Was für eine Ansage. Fast so, als würde der Papst seinen Vaterschaftsurlaub ankündigen.

»Wie meinst du das denn?«

»Ich hab' zwei Dauerkarten für die Bundesliga bekommen. Für mein'n Kurzen und für mich. BVB.«

»Was? Du gehst nach Dortmund?«

»Na, ich wohn' doch seit vier Jahren da.«

»Du wohnst in Bochum!«

»Langendreer. Is' ja quasi Dortmund. War ein ganz schöner Aufwand, an die scheiß Karten zu kommen, deshalb freu' ich mich auch schon richtig auf die Saison. Und mein'n Kurzen kann ich beim besten Willen nich' mit zu Rot-Weiss schleppen. Der macht sich doch zum Klassenclown. Auf seine' Schule sind'se alle BVB-Fans. Und wat hab' ich noch mit Essen zu schaffen?«

»Na, hömma – du *bist* Rot-Weiss Essen! Ein Unikat. Mit deiner Schalsammlung. So was gibt es doch kein zweites Mal, damit kannst du in jede Fernsehsendung! Die suchen doch solche Freaks wie dich. Da kriegst du vom Verein noch 'ne Ehrennadel für!«

»Mag sein. Aber ich brauch dat nich' mehr …«

Ich bin entsetzt. Und so perplex, dass ich nur hilflos ausrufe: »Und deine Mutter?«

»… hat auch mittlerweile mitgekriegt, dat ihr Lieblingsenkel auf and're Schalfarben steht. Leider hat'se sich ein riesiges rotweißes Wolldepot angelegt, als Wertheim dichtgemacht hat.«

»Wertheim?«

»Siehs'e, die Zeit ist irgendwie vorbei!«

Fassungslos schaue ich den alten Freund an, wohl merkend, dass es ihm ernst ist.

»Weißt du, für einen wie dich da oben in Berlin is' dat vielleicht alles nur 'ne niedliche Geschichte. Spiele wie heute. Spiele gegen die SV Hönnepel-Niedermörmter.

Aber wenne hiergeblieben wärs', hätts'e auch längst resigniert. Grade du!«

Ich lasse meinen Blick über den unendlichen Horizont schweifen, irgendwo lodert in regelmäßigen Abständen eine Stichflamme hoch. Der Pott arbeitet noch und fabriziert einigen Dampf, der von den Schloten in die Wolkendecke wabert.

»Aber ein genialer Ausblick, oder?«, seufzt Andi.

Ein Moment zum Einfrieren.

Zum Einfrieren:
Fünf Momente des Pottfußballs

* 5. November 1977: Bernard »Ennatz« Dietz schießt sein viertes Tor beim 6:3-Sieg der Duisburger über Bayern München.

* 1. Juni 1991: Der Wattenscheider Thorsten Fink kickt in der 89. Minute mit dem 3:2 den FC Bayern aus dem Meisterschaftsrennen.

* 4. Oktober 1995: Rot-Weiss Essens Putsche Helmig erzwingt mit dem 4:4 die Verlängerung im Pokalspiel gegen Bayer Leverkusen.

* 21. Mai 1997: UEFA-Pokalfinale, Rückspiel Inter Mailand gegen Schalke 04 – Marc Wilmots tritt zum Elfmeter an!

* 28. Mai 1997: Einwechslung von Lars Ricken im Champions-League-Finale BVB gegen Juventus Turin in der 70. Minute …

Du bis' mir 'ne Marke!

Auf Halde

Während Andi noch über seinen Abschied von der rot-weissen Stehtribüne sinniert, notiere ich mein 14. Gedicht der Ruhrpottreise:

Die Haldendichtung nach Löhnmann Herms

Grün ist die Halde
Die Halde ist grün
Doch der Abraum darinnen
Kann bald wieder glüh'n

»Ach, was! Mein dichtender Untermieter!«

Thomas. Mit dem holländischen Trio im Schlepptau. Wir begrüßen uns mit großem Hallo, obschon die zur

Schau gestellte Freude vor allem der Überraschung geschuldet sein dürfte. Die vier haben eine beeindruckende Tour hinter sich. Landmarken-Hopping.

Sechs mit Kunstobjekten bestückte Halden standen auf dem Programm. Enie schwärmt von dem wackeligen Tetraeder, dessen Besteigung Margret wegen einsetzender Schwindelanfälle vorzeitig abblasen musste. Wim versucht, mir eine Fotoshow im Display seines Smartphones aufzuzwingen, aber das Gerät weigert sich irgendwie, seinen Wünschen Folge zu leisten. Die Schurenbachhalde mit der Bramme von Richard Serra ist ihre letzte Station, inklusive der unglaublichen Aussicht auf den nächtlichen Pott. Alle sind sie wie berauscht von den Eindrücken des Tages und Thomas insistiert: »So was habt ihr in Berlin nicht!«

Natürlich nicht. Niemand hat das. Diese neugestalteten Abraumhalden und Aussichtsinstallationen sind das Pfund des Ruhrgebiets und ich bin ziemlich neidisch, als Ausbeute des Tages nur ein 3:2 von Rot-Weiss Essen gegen die SV Hönnepel-Niedermörmter vorweisen zu können. Mildtätig bietet mir Thomas den letzten Platz in seinem Wagen an, um mich zur Pension mitzunehmen. Andi kommt das zupass, weil er ohnehin noch die beiden betrunkenen Schläfer durch die halbe Stadt kutschieren muss.

»Wir sehen uns ja morgen auf Marcs Party«, verabschiede ich mich von ihm, als sich die Truppe Richtung Abstieg aufmacht.

Andi nickt. »Ich bleib noch 'ne Minute hier oben.«

Selten habe ich einen Menschen derart allein irgendwo zurückgelassen.

Am Parkplatz bewundert Wim die Schal-Auslage von Andis Wagen. Auf der Rückbank liegen Schmiddi und Bomber aneinandergeschmiegt, immer noch selig schlummernd.

Die Rückfahrt zur Pension wird zum Anstimmen einer Dankesarie genutzt.

Toll sei das heute gewesen, resümiert Margret: »Ganz toll!«

»Ja, wirklich toll!«, bestätigt Wim. »Besten Dank noch mal, dass Sie uns dieses Erlebnis ermöglicht haben.«

Thomas winkt generös ab. »Für mich ist das doch auch ein toller Ausflug gewesen! Wann nimmt man sich schon mal die Zeit, sechs Landmarken aufzusuchen? Und die Halden Hoheward und Rheinelbe sind ja recht frisch umgestaltet worden – die hatte ich auch noch gar nicht gesehen.«

»Auf der Halde Hoheward fand ich ja die Sonnenuhr ganz toll!«, wirft Enie ein. »Nur schade, dass das Horizontobservatorium abgesperrt war – das sah auch toll aus.«

»Toll« scheint das angemessene Wort zu sein, um diesen wuchtigen Orten der Erinnerungskultur demütig Anerkennung zu zollen. Ein Placebo gegen die Sprachlosigkeit. Selbst zwei engagierte Deutschlehrer gönnen sich diese Ausflucht.

Thomas ist mächtig stolz über den Erfolg des von ihm gestalteten Tagesprogramms. In mir reift dagegen die Sorge, seine glanzvolle Leistung könnte meinen gestrigen Versuch als Fremdenführer noch hilfloser erscheinen lassen. Ich fühle mich etwas ungerecht behandelt, obwohl niemand ein Wort über die Katastrophe vom Vortag verliert.

Alle finden nur alles *toll*.

Jetzt ma' wat Spektakuläret:
Halden und Landmarken

Sollte im Verlauf dieses Buches gelegentlich der Eindruck erweckt worden sein, mancher Errungenschaft des Strukturwandels an der Ruhr mangele es an Einzigartigkeit, so gilt es, sich nun in Reue zu ducken. Wer einmal in Bottrop-Batenbrock von der obersten Ring-Plattform des Tetraeders in den Pott geschaut hat, weiß das. Wo sonst findet man eine begehbare, 50 Meter hohe Pyramide mit abenteuerlich verbundenen, frei schwingenden Plattformen – die oberste dazu noch um acht Grad geneigt? Die nachts beleuchtete Stahlkonstruktion von Wolfgang Christ thront auf der 78 Meter hohen Halde Beckstraße – bei guter Sicht erkennt man von hier aus etliche Wahrzeichen des Ruhrgebiets vom Gasometer bis zur Veltins-Arena. Und das bei freiem Eintritt – was allgemein für die Landmarken und Panoramen der Route der Industriekultur gilt.

Der Bergbau hat dem Ruhrpott eine Gebirgslandschaft von rund 70 Abraumhalden beschert. Einige dieser künstlichen Erhebungen wurden mit Skulpturen und Aussichtstürmen zu Erlebnislandschaften der Industriekultur umgestaltet. Die steilen Hänge werden nun von Spazierwegen umsäumt oder von endlosen Treppenaufstiegen durchschnitten.

Im Gegensatz zu dem üppig-wilden Pionier-Bewuchs auf den Hängen hat man die Kuppen der Halden zumeist in mondähnliche Schotterplateaus verwandelt, auf denen die jeweiligen Installationen eine geradezu mystische Aura entfalten. Ob Richard Serras wuchtige *Bramme für das Ruhrgebiet* auf der Schurenbachhalde, die raue Steinskulptur *Himmelstreppe* als Krönung des Skulpturenwalds der Halde Rheinelbe von Herman Prigann oder die 105 *Totems* von Agustín Ibarrola über dem Amphitheater der Halde Haniel – die Alpen des Reviers sind moderne Stonehenge-Filialen mit spektakulärsten Ausblicken. Manchem fehlen da die Worte, andere sagen einfach: Toll!

»Morgen will ich dann aber auch endlich mal zu diesem Landschaftspark in Duisburg!«, mault Enie, nachdem sich ihre Eltern von der geselligen Runde im Parterre der Pension verabschiedet haben. Dort hatte man bis vor einem Moment im Quartett mit Thomas die schönsten Erlebnisse des gelungenen Ferientags rekapituliert. Ein Tag im Pott, der zur Abwechslung einmal ganz ohne erhöhtes Beförderungsentgelt beendet werden konnte. »Das hast du mir gestern versprochen! Und heute hast du mich den ganzen Tag über im Stich gelassen!«

Habe ich das? »Na, das holen wir dann gleich morgen nach! Landschaftspark Nord – ist notiert«, erkläre ich beherzt.

»Morgen soll's Regen geben«, gibt Thomas zu bedenken, während er die leeren Flaschen in die Küche transportiert. Ich merke, dass ihm meine Funktion als Enies Escortservice nicht behagt. Auch mir ist daran nicht unbedingt gelegen, aber nach dem heutigen Tag fühle ich mich von Thomas geradezu herausgefordert, diesen Job zu verteidigen.

»Ach, das wird schon passen mit dem Wetter! Heute hat's doch auch nur kurz genieselt.«

»Kräftige Schauer haben sie angesagt.« Thomas lässt nicht locker. »Deshalb hab' ich deinen Eltern ja auch vorgeschlagen, morgen in Duisburg auf Museumstour zu gehen – die haben da mittlerweile die größte Auswahl im Revier. Zum Wochenende soll's nämlich schon wieder schön werden.«

Ein Stoßseufzer von Enie.

Musse seh'n!

Die schönen Künste im Pott

Hey, was soll denn das Geächze? Duisburg hat nun wirklich schöne Museen. Gerade, wenn man sich ein bisschen für moderne Kunst interessiert ...«

Thomas ist seit seinem Wandel zum Pensionsbesitzer ein anderer Mensch geworden. Ich würde schwören, dass er vordem keine Ahnung hatte, dass es in Duisburg überhaupt nur *ein* Museum gibt. Deshalb schreite ich guten Mutes ein: »Na ja, wollen wir mal nicht an falscher Stelle übertreiben: Es gibt da wichtigere Kunstsammlungen in der Republik als die, die hier im Ruhrgebiet aufgefahren werden. Man bekommt sicherlich keine Entzugserscheinungen, wenn man den Pott in dieser Hinsicht ausspart.«

»Ach was, du Nulpe! Und was ist mit dem Museum Folkwang? Das gilt bekanntermaßen als schönstes Museum der Welt! Man merkt, dass du dich nicht mehr auskennst bei uns.«

»Man merkt, dass du von irgendwelchen Ruhrpottsalafisten ferngesteuert wirst.«

Thomas winkt kopfschüttelnd ab. »Enie, lass dir nichts erzählen von diesem Berliner Ignoranten! Man verpasst echt 'ne Menge, wenn man unsere neuen Kunstmuseen nicht gesehen hat. Da gibt es alles – von klassischer Malerei bis zur Videoinstallation. Der Eintritt ist nicht so hoch wie anderswo und man muss sich nicht gleich durch Massen drängeln, um was zu sehen. An einem Wochentag hat man ein Museum auch mal ganz für sich allein.«

»Na, das wird schon seine Gründe haben!«, stichele ich hinterher.

»Bezahlt euch eigentlich jemand dafür, dass ihr hier so eine Propaganda veranstaltet?«, fragt Enie. Genervt, aber mit schönem Akzent. »Das Lehmbruck Museum hätte mich auch interessiert und das Museum Küppersmühle im Innenhafen war sogar *mein* Vorschlag. Aber jede Wette, dass meine Eltern den kompletten Tag im Binnenschifffahrtsmuseum abhängen. Und im Reiseführer habe ich auch noch ein großes Kreuz beim Text über das Stadthistorische Museum entdeckt.«

»Die haben ja auch eine interessante Sammlung von Mercators Werken«, merkt Thomas schon deutlich schüchterner an.

»Ich will lieber den Landschaftspark Nord sehen! Am Sonntag ist unser Urlaub doch schon wieder vorbei.«

»Aber das passt doch: Dann fahren wir morgen früh gemeinsam nach Duisburg und setzen Enies Eltern am Museum der deutschen Binnenschifffahrt ab!«

»Ja«, beschließt Enie resolut, »und diesmal kaufe ich die Fahrkarten!«

Dann verabschiedet sie sich.

Wirr sinnt das Volk – heute:
Museumsslogans für das Ruhrgebiet

1. Duisburg:
   Der Willy drückt den Lehm so schön,
   Den musse im Museum sehn!
2. Essen:
   Folkwang oder Volksschwank?
   Dussels ihre Frage.
3. Oberhausen:
   Nachdem vor Wut ich Galle spie,
   Ging ich zur Ludwig Galerie.

»Was ziehst du denn hier für 'ne Show ab?«, fragt Thomas sichtlich verärgert. »Das Mädel ist mit seinen Eltern in den Ferien. Meinst du, denen ist es recht, dass ihre Tochter immer mit einem dichtenden Sugar-Daddy herumzieht?«

»Ach, komm. Fair bleiben!«

»Und was machen überhaupt meine Gedichte?«

»Ja, hab' da schon einige Texte zusammengeschrieben. Ist aber noch nicht so richtig was dabei.«

»Man bekommt also keine Entzugserscheinungen, wenn man sich erspart, die durchzulesen? Oder wie hattest du das noch mal formuliert ...?«

»Ich werde mich morgen im Landschaftspark inspirieren lassen. Du schwörst doch auf den Einfluss der Industriefassaden!«

»Männeken, Männeken!«, grunzt Thomas zurück.

Das Revier der schönen Museen

Das »schönste Museum der Welt« hat Paul J. Sachs, ein Mitbegründer des MoMA, das Essener Museum Folkwang bei einem Besuch genannt. Das war im Dezember 1932. Keine fünf Jahre später beschlagnahmten die Nationalsozialisten die Hälfte der knapp 3.000 Werke im Rahmen der Aktion »Entartete Kunst«. Das Gebäude wurde 1945 bei einem Luftangriff vollständig zerstört. Aber dem Pötter-Gemüt ist es herzlich egal, wer da wann welche Sammlung in welchem Gebäude gemeint hat. Unser Museum Folkwang *ist* das schönste Museum der Welt. Durch Rückkäufe von in der Nazi-Zeit verloren gegangenen Werken und entsprechend orientierte Neuerwerbungen konnte das Museum Folkwang seine herausragende Stellung im Bereich der modernen und zeitgenössischen Kunst bewahren. Es gilt heute als eine der führenden Sammlungen für deutsche und französische Malerei des 19. und 20. Jahrhunderts in Deutschland. Tatsächlich ist der jüngste Neubau von

Chipperfield – eröffnet im Januar 2010 – wohl das schönste Museum des Ruhrgebiets.

Aber auch andere Mütter haben schöne Töchter. Und im Ruhrgebiet gibt es viele Mütter. Trotzdem bot jede Stadt ihre eigene Kunsthalle lange Zeit so feil, als wenn es die S-Bahn in den Nachbarort nicht gäbe. Schließlich haben sich 20 Kunstmuseen in 15 Städten im Kulturhauptstadtjahr 2010 doch zusammengeschlossen, und zwar unter dem Namen RuhrKunstMuseen – was natürlich wieder zu einem Rekord führte: zur »weltweit höchsten Museumsdichte«. Ein Ergebnis ist der übergreifende Museumsführer *RUHR SELECTION* mit Beschreibungen der 20 beteiligten Museen, Infos zu Anreise, Öffnungszeiten und themenbezogenen Tourempfehlungen sowie ausführlichen Anhängen zu weiteren Sehenswürdigkeiten, Gastronomie, Ausgehtipps und Übernachtungsmöglichkeiten in den jeweiligen Städten. 140 Seiten, die man unter *www.ruhrkunstmuseen.de* kostenlos bestellen oder gleich downloaden kann. So fällt auch dem einen oder anderen nichtsahnenden Pötter auf, welch Schätze da in Spuckweite zum Besuch laden: Das im neugestalteten Duisburger Innenhafen beheimatete MKM – Museum Küppersmühle für Moderne Kunst zeigt zum Beispiel eine der umfangreichsten Sammlungen deutscher Nachkriegskunst, stimmig eingenistet in einem dreistöckigen Speichergebäude mit historischer Backsteinfassade. Wäre das Interesse der Ruhris an Moderner Kunst etwas ausgeprägter, hätte der skandalreiche Baustopp für den Erweiterungsbau des MKM vielleicht mehr

Unwillen hervorgerufen. So scheiterte ein spektakuläres Projekt sang- und klanglos – wegen eines maroden Stahl-gerüsts. Ausgerechnet im Ruhrgebiet.

Shortlist der Kunstmuseen im Pott:

- Museum Folkwang (Museumsplatz 1, 45128 Essen)
- LehmbruckMuseum (Friedrich-Wilhelm-Straße 40, 47051 Duisburg)
- Osthaus Museum im Kunstquartier Hagen (Museums-platz 1, 58095 Hagen)
- Museum Ostwall im Dortmunder U (Leonie-Reygers-Terrasse, 44137 Dortmund)
- MKM im Innenhafen Duisburg (Philosophenweg 55, 47051 Duisburg)

Bonustracks:

- Hoch hinaus: Die immer spektakulären Ausstellungen im Oberhausener Gasometer (Arenastraße 11, 46047 Oberhausen; vorab über *www.gasometer.de* informieren, da oftmals monatelang ohne Ausstellung)
- Back to the Basics: Das Work-in-Progress in den offenen Ateliers im Unperfekthaus (Friedrich-Ebert-Straße 18, 45127 Essen)

Am nächsten Morgen finde ich einen Zettel vor der Tür: »Wir sehen uns auf Marcs Party! Bis dahin würde ich für Enie einen Museumsbesuch mit den Eltern nahelegen – dicke Luft!«

Thomas hat an seine Nachricht die Wetterprognose des heutigen Tages geheftet: Bewölkt mit kräftigen Schauern. Aber das mit der dicken Luft hat wohl eine andere Bedeutung. Bei Familie Stevens herrscht miese Stimmung am Frühstückstisch. Da man sich anschweigt, tapse ich im Dunkeln, was die Ursache des Familienkrachs sein könne.

»Wir gehen dann!«, beschließt Enie aus heiterem Himmel und steuert auf meinen Tisch zu, um klarzustellen, wer da mit »wir« gemeint war. Ich schlurfe ihr unschlüssig hinterher, ihren Eltern noch einen verlegenen Abschiedsgruß mit den besten Wünschen für einen interessanten Tag hinterlassend. Die Angelegenheit ist mir totpeinlich.

»Boah, was gehen die mir auf den Keks!«, keift Enie los, sobald ich die Tür hinter uns geschlossen habe. »Nie wieder, nie, nie wieder fahre ich mit denen irgendwohin!«

»Na ja, ich kann mir da wesentlich schlimmere Eltern vorstellen«, versuche ich abzuwiegeln. Das bremst Enie keine Spur: »Den ganzen Morgen motzen die schon rum wegen der blöden Roaming-Gebühren! Das ist immerhin *mein* Handy. Und *mein* Taschengeld.«

Hm. So ganz klar erscheinen mir die Eigentumsverhältnisse in diesem Fall nicht, aber ich hüte mich, dies anzumerken.

»Und dann drückt mein Vater beim Frühstück einfach den Anruf weg! Auf meinem Handy! Was soll Thorben denn jetzt von mir denken?«

132

»Wer ist Thorben?«, frage ich.

»Na, der Ährwin-Thorben! Aus dem Bermudadrei-eck.«

Das überrascht mich dann doch.

Koalas in Mordor und andere Showacts

Im Duisburger Zoo

Enie gerät ins Schwärmen. Thorben habe sich in den letzten 24 Stunden »voll niedlich« um sie gekümmert: »Er hat gestern gleich morgens angerufen und sich erkundigt, ob wir auch gut nach Hause gefunden haben. Und ob ich den Abend im Bermudadreieck einigermaßen verdaut hab'. Ich hoffe, ich bin nicht allzu doll betrunken gewesen? Na ja, und dann hat Thorben uns noch den Tipp mit der Halde Hoheward gegeben!«

Die, so erinnere ich mich, hat Enie bei dem Landmarkenausflug ja auch ganz besonders gut gefallen.

»Heute Abend kann er mich auf eine Kampagnen-Premiere in Oberhausen mitnehmen. Echte VIP-Karten. Ist das nicht cool?«

Thorben habe extra noch einmal spät abends zurückgerufen, um zu bestätigen, dass er ein zweites Ticket organisieren konnte. Bis halb zwei haben Enie und er dann miteinander gequatscht. Deshalb sei sie jetzt auch etwas unausgeschlafen.

Ich ahne, dass die Handy-Gebühren nicht das einzige Problem darstellen, dass Wim und Margret mit diesen Telefongesprächen haben. Ihre Tochter ist in die Klauen eines Partymeilenaufreißers geraten.

Nachdem sie ein weiteres Mal die Verkrampftheit ihrer Eltern verflucht hat, klingelt Enies Handy. Thorben. Er hat ihr viel mitzuteilen und scheint dabei durchweg amüsant zu sein, wenngleich Enies unaufhörliche Wellen von Gekichere vor allem ein Signal positiver Flirtbereitschaft sind. Auch nachdem wir in der Regionalbahn Platz genommen haben, gibt es noch Besprechenswertes. Irgendwann wird es mir zu blöd.

»Das wird jetzt aber wirklich ganz schön teuer!«, ermahne ich sie wispernd. Enie schaut mich genervt an. Wenig später drückt sie mir ihr Telefon in die Hand. Thorben möchte mich sprechen. Mich?

»Tachchen, Herr Möbelpacker! Sach ma', Enie meinte, du bis' noch übers Wochenende im Pott? Wie wär's – willze nich' mit deinen Gedichten morgen bei der Extraschicht auftreten? Uns is' da ein Act abgesprungen für die Kleinkunstbühne am Nordsternpark, und da meinte wer, 'n Poetry Slammer käm' doch gut für so wat. Und ich denk: Poetry, da war doch wat? Du bis' doch so'n Slammer, richtig? 100 Euro, frei Essen, frei Trinken – bisse dabei?«

»Poah. Weiß nich' so recht. Wollte mir das Wochenende eigentlich frei halten.«

»Hey, das wird 'ne Supersache! Die Bühne liegt direkt an der Shuttlebushaltestelle, da hast du jede Menge Publikum. 'n bisken Kunst kann den Leute ja nich' schaden. Und wenn dir nix mehr einfällt, singen wir zusammen den Ährwin!«

Als ich auflege, ist der Auftritt fest ausgemacht. Obwohl sich mein Unbehagen mit jedem Detail zu den Auftrittsbedingungen gesteigert hat.

Zumindest Enie freut sich: »Da komme ich! Und werde kräftig für dich jubeln.«

Wahrscheinlich ist das auch der eigentliche Grund für Thorbens Interesse an meinen Gedichten. Im Verlauf des Gesprächs hat er immer wieder versucht, mir ein paar Informationen zu Enie zu entlocken. Insbesondere der Streit mit ihren Eltern hat ihm Sorgen bereitet, und er wollte wissen, ob er den heutigen Abend so planen könne wie bislang vorgestellt. Am liebsten hätte ich ihm geraten, er solle einfach die Finger von dem Mädchen lassen. Aber dafür saß Enie dann doch etwas zu nahe.

Moment der Besinnung in der Warteschlange
unter den S-Bahn-Bögen am Schlesischen Tor

Du isst Burger – ein Duisburger nie!
Der düst nicht zum Würgfraß der Gastronomie.

In Duisburg regnet es. Schlechtes Wetter ist dem ersten Eindruck einer Stadt nie zuträglich. In Duisburg ist es fatal.

»Grausig«, befindet Enie, als ihr Blick über den Bahnhofsvorplatz schweift. Auf der gegenüberliegenden Straßenseite ist ein riesiger Schiffsanker zu sehen, der Rest des Ausblicks ist zugegebenermaßen recht trist. Aber doch nicht unbedingt: »Bedrückend«, wie Enie hinterherschiebt, »fast schon unheimlich.«

Duisburg ist der schlafende Riese unter den Ruhrgebietsstädten. Wenig im Gespräch und etwas abseits gelegen, scheint mir die Stadt dennoch die größten Entwicklungspotenziale zu bieten, auch was ihre langfristige Attraktivität für Touristen angeht. Das größte Pfund ist hierbei das Wasser in Zentrumsnähe – ein Umstand, dem erst Anfang der 1990er-Jahre im Rahmen der Internationalen Bauausstellung IBA Emscher Park Rechnung getragen wurde – durch den Umbau des Innenhafens zu einem allgemein zugänglichen Stadtareal. Dort dümpelt nun eine angenehm aufgepimpte Marina-Idylle vor sich hin, für deren Besuch sich selbst Schimmi seine bessere Jacke übergestreift hätte. Am Wochenende brummt hier der Bär. Später der Schädel. Speziell an einem verregneten Vormittag wie heute wirkt Duisburg noch nicht ganz wach.

Enie schüttelt den Kopf. »Das mit der Love-Parade war doch auch hier, oder?« Ich nicke betreten. Es ist nicht immer einfach, einem Fremden die Vorzüge einer Stadt schmackhaft zu machen.

Enies Laune bezüglich Duisburg hellt erst wieder auf, als wir ein Plakat passieren, auf dem der hiesige Zoo für sich wirbt. Mit einem Koalabär.

»Oh, meine Lieblingstiere!«, jubelt sie. »Die haben Koalas in ihrem Zoo?«

»Ja«, antworte ich, »neuerdings.« Wobei sich mein Zeitrahmen von »neuerdings« in diesem Fall bis knapp vor die Zeit meiner eigenen Zoobesuche als Kind erstreckt. »Zwei oder drei.«

»Oh, Koalas!«, seufzt Enie noch einmal. Mir schwant, dass unser Besuch des Landschaftsparks Nord gerade auf der Kippe steht. Dabei hatte Enie mir eben noch in der Bahn erzählt, wie wichtig ihrer Freundin die Fotos wären, die wir dort zu machen geplant haben.

Wenn ich ihr nun vorab einen Besuch im Zoo offeriere und wir anschließend noch zum Landschaftspark fahren, komme ich viel zu spät los für Marcs Party. Und deswegen bin ich schließlich überhaupt nur ins Ruhrgebiet gefahren.

»Man kann ja nicht alles haben!«, gebe ich daher zu bedenken. Eine Dreiviertelstunde später beobachten wir rund zwei Dutzend schlafende Koalas.

Die Tiere sind so ineinander verwoben, dass das versammelte Publikum gemeinsam darüber rätselt, welche Kralle zu wem gehört und unter welchem Bauch das per Aushang versprochene Neugeborene hängen könnte. Man sieht vor allem: ruhig atmende Wollknäuel. Regungslos. Alle Anwesenden versuchen ihre Enttäuschung im Zaum zu halten und blicken vorwurfsvoll auf jeden

Neuankömmling herab, der die schlafende Horde kommentiert mit: »Aha, und wo ist jetzt das Jungtier?«

Zumindest hat es aufgehört zu regnen.

Hinter Gittern:
Die Tierwelt im Ruhrgebiet

Die rekordverdächtig hohe Museums- und Theaterdichte des Ruhrgebiets ist ein gern beprahltes Alleinstellungsmerkmal. Als Neu-Berliner würde ich vorsichtshalber anraten: Lieber nicht nachzählen! Aber in puncto Zoos muss der Rest der Welt wohl vor dem Pott klein beigeben. So viele exotische Tiere, wie in den Zoos und Tierparks des Reviers herumlungern, gibt es vermutlich nicht einmal in Afrika. Doch es haftet dem Titel »Größte Zoodichte des Universums« unmittelbar auch die Frage an, ob da nicht vielleicht etwas zu viele Gehege auf engem Raum untergebracht sind. Letztlich ist die Liste (Zoo Duisburg, Tierpark Oberhausen, Tierpark Herne, ZOOM-Erlebniswelt Gelsenkirchen, Tierpark Bochum, Zoo Dortmund) immer noch Symptom eines Kirchturmdenkens, das die Region jahrzehntelang auseinanderdividierte: Jede Stadt wollte ihr eigenes Theater, Konzerthaus, ihre eigene Oper und Elenantilope. Die kleineren Parks haben indessen zurückgesteckt und den großen Drei (Duisburg, Dortmund und Gelsenkirchen) das Feld überlassen. Auch aus dem Essener Grugapark sind längst alle Seehunde und Krokodile verschwunden. Während sich der Duisburger Zoo auf seiner Tradition und den altbekannten Highlights von Koalas bis Flussdelfinen ausruhen darf, rackert sich Gelsenkirchen an einer großen Werbeoffensive ab, um die Zuschauer in den neu gestalteten Zoo mit dem ambitionierten Namen ZOOM-Erlebniswelt zu locken. Dort kann man die Tiere in naturnahen Lebensräumen zum Beispiel bei einer Bootsfahrt mit der African Queen betrachten. Der Pott wird es lieben.

Unser Besuch im Zoo nimmt eine folgenschwere Wendung, als Enie einen Hinweis auf die große Show im Delfinarium entdeckt.

»Was für eine abscheuliche Tierquälerei – man kann doch Delfine nicht in einem Zoo halten und so eine Zirkusshow mit ihnen veranstalten! Grausam. Das sind so intelligente Tiere – wusstest du, dass sie intelligenter als Menschen sind? So was muss man nun wirklich verbieten!«

Wäre der Rang ihres Lieblingstieres nicht just an die Spezies der Koalabären gegangen, hätte Enie ihre Anklage wohl noch dahingehend verschärft. Ich signalisiere Verständnis für ihre Ansichten. Verschweigen werde ich jedenfalls, dass ich als Kind meine Eltern bei jedem Besuch des Duisburger Zoos genötigt habe, den Aufpreis für die Delfin-Show zu blechen. Zu jener Zeit konnte ich mir nichts Begeisternderes vorstellen als Delfine, die mit Bällen und Ringen spielen und wasserspritzende

Streiche gegen ihren Trainer aushecken. Und ich glaube mich zu erinnern, dass ich aus ebenjenem Grund damals Delfine meine Lieblingstiere genannt habe. Ich kannte jeden einzelnen Namen der im damals noch unwirtlicheren Becken umherflitzenden Tiere und bildete mir ein, diese auch korrekt zuzuordnen. Mit Abscheu habe ich die Münzen und Gummibälle in der Vitrine betrachtet, die aus dem Magen eines aktuell verendeten Fischs operiert worden waren. »Fisch?!«, hätte ich sofort neunmalklug protestiert, »Delfine sind Säugetiere!« – und Freunde von mir.

Nun schaue ich mir die Werbung des Delfinariums an, lese, dass die Show-Vorführungen eine notwendige Fitnessübung für Ivo, Pepina, Daisy und Co. sind und dass die kleine Donna ein »quirliges Nesthäkchen mit viel Unsinn im Kopf« ist. Ich würde das alles sofort wieder glauben wollen. Aber Enie ist empört – und das ist die Chance, einen schnelleren Aufbruch gen Landschaftspark Nord vorzuschlagen: »Also, wenn es dir nichts ausmacht, würde ich jetzt gern flott von hier verschwinden. Die Koalas waren ja nett, aber diese ganzen eingesperrten Tiere machen mich irgendwie depressiv. Und die Sonne ist grad so schön rausgekommen – ein tolles Licht für Fotos! Oder?«

Um nun nicht mit der beschwerlichen Anfahrt per Omnibus noch weiter Zeit zu verbummeln, spendiere ich uns ein Taxi. Die Aussicht, hierdurch eine Stunde eher auf Marcs Party eintreffen zu können, ist mir das

Geld allemal wert. Auch der Taxifahrer bemüht sich, für den Fahrtpreis eine ansprechende Show abzuliefern: »Holländer, was? Mann, wat sind wa früher oft zu euch rübergefahren! Jeden Feiertag mit Job-Tours nach Venlo, Kaffee kaufen. Lakritze. Vanille-Fla! Die 2 Brüder von Venlo. War ja echt noch billiger damals. Billiger wie hier jedenfalls. Und gekifft haben wir …! Ja, da guckt'er, wat?! Ich auf meine alten Tage! Aber dat wollten wir ausprobieren. Damals habbich ja noch geraucht – Gott, wat bin ich froh, dattich dat hinter mir hab'! Dieses ewige Abhusten morgens. Is' doch so! Nee, dat macht keine Freude. Auch wenn ich früher gerne geraucht hab'. Zigaretten waren ja billiger bei euch damals. Meine Kollegen haben sich da immer die ganze Karre vollgepackt. Mir wär' dat zu gefährlich gewesen. Wegen der paar Pfennig! Aber haben ja viele gemacht. Dammals. Getz is' dat ja eh allet eine Soße – ob du hier kaufs' oder in Holland. Macht doch keinen Unterschied mehr!«

Wir erfahren noch viel über die schlechten Auswirkungen der Europäischen Union sowie der mit ihr verbundenen zusätzlichen Kosten, die zu nicht geringem Umfang von Duisburger Taxifahrern getragen zu werden scheinen.

Außerdem habe der Umbau des Duisburger Hafens zu einem minderwertigen Vergnügungsviertel so viel Geld verschlungen, dass nun alle Schulen der Stadt geschlossen werden müssten. Und wir könnten von Glück reden, dass wir kein Lokal im Duisburger Hafen als unser Ziel genannt hätten, sonst wäre er nämlich extra einen

Umweg gefahren, weil er das nicht auch noch unterstützen kann, wenn die da oben nur noch Mist bauen und in die eigene Tasche wirtschaften. Ählich.

Ein Plädoyer für Duisburg –
Spaziergang durch Mordor

Von der Autobahn aus bietet Duisburg nach wie vor eine prachtvolle Kulisse für alle Fans der Schwerindustrie. Die Schlote und Fabrikhallen scheinen vor schwerfälliger Kraft zu pulsieren und würden eine angemessene Silhouette von Mordor hergeben, sollte bei einer Neuverfilmung von *Der Herr der Ringe* auf echte Schauplätze zurückgegriffen werden. Spätestens seit dem Schimanski-*Tatort* steht Duisburg vermutlich ohnehin in den Notizbüchern aller Locationscouts.

Aber wussten Sie, dass die Stadt überdies mehr Brücken als Venedig hat? Ich muss gestehen, dass ich auf wirklich jeder Aussichtsdampferfahrt – sei es in Amsterdam, Hamburg oder Berlin – darüber aufgeklärt wurde, dass die so bereiste Metropole mehr Brücken als Venedig hätte. Warum vergleicht man sich mit der ollen Lagunenstadt, wenn diese augenscheinlich über derart wenig Brücken verfügt? Duisburg hat jedenfalls 650. Und mit dem zum »duisport« globalisierten Hafen den größten Binnenhafen der Welt. Für Seebären-Romantik wird der Platz dort trotzdem eng – es herrscht Logistik in Perfektion und die schummrig-düsteren Ecken sind sogar in Ruhrort auf dem Rückzug. Schimanski müsste heute schon deutlich länger nach passenden Orten für ein derbes Haudrauf suchen. Dennoch bleibt Duisburg die etwas grobere Variante einer Ruhrstadt, und einige prekäre Stadtteile verbreiten allein bei Sozialarbeitern Goldgräberstimmung. Wir wollen uns ins Zentrum dieses Molochs wagen. Für einen Spaziergang, der eine unverhofft vielgestaltige Stadt erschließt. Ein paar Brücken sind natürlich auch dabei …

Startpunkt ist die Königstraße, die etwas rechts versetzt vom Bahnhof als Fußgängerzone beginnt. Sieben Brunnen – der Auffälligste von Niki de Saint Phalle und Jean Tinguely – säumen den Weg, der auch am großstädtischen König-Heinrich-Platz mit dem 2007 eröffneten CityPalais vorbeiführt. Dieses beherbergt neben den üblichen Shop-Filialen und Spielarten der Event-Gastronomie auch ein Casino und die Mercatorhalle einschließlich eines Konzertsaals für die Duisburger Philharmoniker. Wegen Brandschutzmängeln ist die Mercatorhalle im CityPalais allerdings bereits im August 2012 wieder geschlossen worden und das Orchester auf alternative Spielstätten ausgewichen.

Aber wir sollten uns auf angenehmere Dinge konzentrieren! Am Ende der Königstraße sieht man bereits das imposante Rathaus mit der mächtigen Salvatorkirche, in der der Kartograf Gerhard Mercator begraben liegt. Wenn man nun am Ende der Schwanenstraße dem Ufer des Innenhafens nach rechts folgt, passiert man immer wieder Reste der historischen Stadtmauer mit einzelnen Türmen – und hat damit bereits mehr historische Gebäude zu sehen bekommen, als man im Ruhrgebiet üblicherweise erwarten darf. Der angenehme Uferweg ist Fußgängern und Radfahrern vorbehalten und führt vorbei am Garten der Erinnerung, der nach Plänen von Dani Karavan gestaltet wurde. Hier ragen Pfeiler und Träger der ehemaligen Bebauung ins Nichts. Die Grundrisse der verschwundenen Gebäude sind mit Betonbändern nachgezeichnet, auf einem nutzlosen Treppenhaus wachsen Bäume. Der melancholische Park soll so die Spuren der Industriekultur im sich wandelnden Angesicht des Ruhrgebiets bewahren. Das kann man schon einige Meter weiter in Augenschein nehmen, und zwar in Form der Marina des Innenhafens.

In den Speichern der ehemaligen Kornkammer des Potts haben sich Geschäfte, Gastronomie und Büros breitgemacht, neu errichtete Grachten und Pontons verbreiten eine lässige Atmosphäre, im Pflaster belassene Bahngleise und Kräne erinnern an die frühere Nutzung. Das macht sich gut aus und endet am empfehlenswerten Museum Küppersmühle, wo die A59 lauschig über uns hinwegdonnert.

Hier wechseln wir über eine Brücke zum anderen Ufer – nicht ohne die Aussicht zu genießen – und schlendern zurück bis zur im Bau befindlichen Seearena. Danach kann man noch einige Mal das Ufer wechseln, interessante Fußgängerbrücken nutzen und sich beim Rückweg (am besten mit Abstecher durch den Skulpturenpark am Lehmbruck-Museum) darüber wundern, wie mondän Duisburg in den letzten Jahren geworden ist.

Multifunktionskulissen

Der Landschaftspark Duisburg-Nord

Hinter den mächtigen Hochöfen ziehen düstere Wolken auf. Das lässt diese Anlagen noch bombastischer erscheinen. Wenn es einen Ort gibt, der einen Pottbesucher auf Knopfdruck sprachlos macht, dann ist dies der Landschaftspark Duisburg-Nord.

Enie staunt. Und ist begeistert.

»Komm, lass uns Fotos machen, solange das Licht noch so schön ist!«

Tatsächlich taucht die unter der pechschwatten Wolkendecke hervorschielende Sonne das Gelände in ein unwirkliches, gleißendes Licht. Sehr stimmungsvoll. Ich befürchte, als Fotograf auf diesem frisch ausgelegten roten Teppich nur stolpern zu können. Alles ist vorbereitet für ein Shooting der Spitzenklasse. Der Einzige, der hier jetzt noch versagen kann, bin ich.

Als Erstes versagen mir die Knie, als Enie die Klamotten ihrer Designerfreundin aus dem Rucksack hervorzerrt. »Ist das eine Sado-Maso-Kollektion?«, frage ich verunsichert.

»Gothic.«

»Aha. Na ja.« Verlegen beobachte ich Enies Suche nach einer Behelfsumkleide. »Vielleicht da am Toreingang?«

Als Enie in den Sachen erscheint, sieht sie nicht besonders bekleidet aus. Irgendein schwarzes Gummimieder mit unvorteilhaften Vergurtungen an den offenen Seiten, aus denen sich jugendlicher Speck hervorstülpt. Enie scheint mir auch etwas käsig für die schwarze Kluft. Aber sagt man das einem jungen Mädchen, noch dazu einer Holländerin?

»Ist das alles außer Betrieb? Machen die hier nichts mehr?«, fragt Enie mit Blick auf die gewaltigen Hochofentürme, und ich bin froh über die Chance, meine Verlegenheit hinfortzuquatschen.

»Na, gearbeitet wird hier nicht mehr. Aber die Gebäude werden für allerhand genutzt.«

Wandel XXL:
Landschaftspark Nord

Manch Umwidmung nicht mehr benötigter Industriekathedralen erweckt den Eindruck, da würde der Wunschzettel eines Kleinkindes abgearbeitet. Ein schönes Beispiel hierfür ist das nicht mehr funktionstüchtige Riesenrad durch

die aufgefrästen Koksöfen von Zollverein. Der Landschaftspark Duisburg-Nord erfüllt gleich ein ganzes Potpourri an
Kinderwünschen. Oder wie ist der Gedanke zu werten, den
Gasometer mit über 20.000 Kubikmeter Regenwasser zu
füllen, eine Yacht in ihm zu versenken und das Ganze als
Tauchrevier zu promoten, inklusive eines künstlichen Riffs
in einer Tiefe von 13 Metern?

Die etwa 200 Hektar Fläche mit einem respektablen
Monstrum von Hüttenwerk bieten Platz für weitere Fanta-
sien: So kann der bis zuletzt aktive Hochofen 5 über stähler-
ne Außentreppen unbeaufsichtigt und kostenlos bestiegen
werden. Aus 70 Metern Höhe können alle Schwindelfreien
einen majestätischen Ausblick über das Ruhrgebiet bis
nach Düsseldorf genießen. Weitere Kletterbedürfnisse werden im Hochseilgarten der Gießhalle 2 befriedigt. Außerdem hat die Sektion Duisburg des Deutschen Alpenvereins
in den Möllerbunkern einen Kletterpark mit rund 400 Rou-
ten errichtet.

Riesige Röhrenrutschen durch die Erzbunker, ein Lehr-
und Lernbauernhof und eine offene Halle für Skater und
Mountainbiker komplettieren den Abenteuerspielplatz. Und
auch die Kunst darf sich auf dem Gelände austoben: Das
Dampfgebläsehaus wurde zu einem Schauspielhaus mit
500 Plätzen umgebaut und die Abstichhalle des Hochofens 1 lädt im Sommer zum Open-Air-Kino. Das Festival
elektronischer und neuer Musik Traumzeit, das Klavier-Fes-
tival Ruhr und die Ruhrtriennale nutzen zudem die gigantische Kraftzentrale als Veranstaltungsstätte. Zum Abend

setzt eine Lichtinszenierung von Jonathan Park das alte Hüttenwerk in Szene. Fußgänger, Radfahrer und Eidechsen teilen sich das Biotop, das sich die Natur nach und nach zurückerobert. Angesichts derart verspielter Nutzungsmöglichkeiten mag sich manch alteingesessener Stahlkocher fragen: »Wieso haben wir hier eigentlich die ganzen Jahre lang nichts anderes gemacht, als 37 Millionen Tonnen Spezialroheisen zu produzieren?«

»Irre.« Enie hat ein seltsames Stahlgebilde am Rande der Hochöfen ins Auge gefasst, das sie zielstrebig ansteuert. Ich folge ihr. Sie schmiegt sich an eines der rostüberzogenen Rohre, die riesigen Öfen im Hintergrund. Was insgesamt ein großartiges Ensemble ergibt.

»Wat gibt dat denn, wennet fertich is' – 'n Porno?«, fragt ein behelmter Radfahrer, der auf dem Radweg auf der Ebene unter uns angehalten hat. Wir reagieren nicht und verziehen uns schnell aus seinem Blickfeld. Die nächste Garderobe wird hervorgekramt. Eine Etage tiefer scheint sich ein weiterer Radfahrer eingefunden zu haben und wird von seinem Kollegen begrüßt. Aus dem toten Winkel tönt es herauf: »Die dreh'n da oben 'n Porno.«

»Gibt's doch nich'!«

»Wenn ich et sage …«

Enie trägt nun ein züchtigeres Kleid, das zwar obenrum wie eine Gummipelle anliegt, ab der Taille aber wie ein Petticoat in ein Rüschengetümmel auswallt. Dazu

eine samtene Stola und eine Leinenbluse vom Mittel-
altermarkt.

»Hätte ich das gewusst, wären wir zur Isenburg gefahren! Zu dem Outfit würde die als Kulisse besser passen.«

»Deine Heimliche Liebe?«

Ich schaue Enie erstaunt an und spüre, wie ich rot
werde.

»Steht in dem Hefter in der Pension unter *Geheimtipps*. Isenburg an der Heimlichen Liebe. Hab' ich mir
gemerkt.«

»Ja. Ist ganz schön da«, stottere ich.

»Hast du da früher Mädchen verführt?«, fragt Enie
frech.

»Was heißt denn hier ›früher‹?«

Enie lacht herzlich. Verstehe. Zurück an die Arbeit!

Wir drücken uns extra weit genug vom Rand des Pla-
teaus herum, um von den Blicken der Typen unter uns
verschont zu bleiben. Die sind indes aber ein paar Meter
zurückgeradelt und linsen von dort aus über die Kante.

»Getz guck dir dat an!«, wundert sich der Neuankömmling mit heiserer Whiskystimme.

»Ich sach ja …«

»Dat'se sich dat trauen hier …!«

Enie lächelt mich gequält an, was sich auf den Fotos
ungemein gut ausmacht. Es grummelt in den Wolken.

»Eins noch«, sagt Enie.

Ein Tief überm Hochofen Duisburg-Nord

Ein Tief überm Hochofen Duisburg-Nord
Sieht aus, als geschieht hier heut' Nacht noch ein Mord
Fauchend stiebt Glut in Wut sich durch Eisen und Schlacke
Ein Schummel-Schimanski seufzt planlos: »Attacke!«
Und das Tief schaufelt Wolken aus Finsternis

Schummrig schimmelnd erzählen erwählte Relikte
Von Marxloh schrillt willig ein türkisches Fest
Am Straßenrand lungern nach Hochfeld Geschickte
Und stets flüstert einer: »Das ist nur ein Test!«
Ständig bleckt der Überbiss

Und dann ist auch das wieder alles Geschichte
Als Tatort verdorrt – nur noch Hort der Gedichte
Von Arbeit, Arbeit, Migration
Vom Strandurlaub im Ungewiss
Wer länger bleibt, der kennt es schon

»Ups!«, begrüße ich Enies neues Outfit. Das wird den Radfahrern dort unten sicherlich gut gefallen.

»Schämen solltet ihr euch! Schämen!«, begrüßen die uns in ihrem Sichtfeld.

Ich winke ihnen lässig zu.

»Is' so wat überhaupt erlaubt? Die ham da doch bestimmt keine Genehmigung für!«

Ich wische einen frühen Regentropfen vom Objektiv und gebe Enie ein Zeichen, zusammenzupacken. Kaum hat sie die Gewänder ihrer Freundin im Rucksack verstaut, beginnt es zu regnen. In Strömen. Das wird die erhitzten Radfahrer schnell runterbringen. Wir flüchten zum Parkplatz und entdecken freudig, dass unser Taxi noch dort steht. Der Fahrer winkt uns mit seinem Kaffeebecher herbei.

»Hab' ich doch geahnt, dat dat mit dem Regen nicht lange dauern kann«, lobt er sich, seine Thermoskanne in der Ablage deponierend. »Habt'er aber Glück, dat ich da mitüberlecht hab, sonst hättet'er getz schön im Regen auf'n Bus warten können.«

Ich danke zum zweiten Mal für mein durch die Taxifahrerzunft arrangiertes Glück. Und bemerke, dass Enie auf der Rückbank abermals ihre Roaming-Gebühren hochtreibt. Thorbens Organ übertönt auch ohne Laut-Schaltung den auf das Wagendach prasselnden Regen.

Platz wär' jetzt da:
Wir bauen eine neue Stadt!

Neue Mitte Oberhausen

Wo soll's denn hingeh'n?«, fragt der Fahrer. »Hauptbahnhof.«

»Äh«, meldet sich Enie, nur der Form halber schüchtern, »wie weit sind wir denn von Oberhausen entfernt?«

»Is' gleich umme Ecke«, poltert der Taxifahrer los.

»Na, ›um die Ecke‹ würde ich nicht gerade sagen«, protestiere ich.

»'n Euro mehr vielleicht.«

»Den zahl ich!«, jubelt Enie. »Zum CentrO wollen wir.«

Also, von ›wir‹ kann nicht die Rede sein. Aber Thorben wartet in Oberhausen auf Enie. Ich begnüge mich mit einem Seufzen. Zumindest werde ich Enie dort wohlbehalten absetzen können, ohne nach Wattenscheid zurückfahren zu müssen. Vom Oberhausener Hauptbahnhof wäre ich flott mit der S-Bahn in Mülheim und somit alsbald auf Marcs Party. Mich ärgert nur ein wenig, dass dieser Thorben mit seiner Handy-Stalkerei Erfolg hat. Die dümmsten Bauern eben.

*Zur charakterlichen Glättung
von Dienstleistermanieren*

Ein Lob dem Austrieb aller Flausen
Die im Kopp der Ober hausen

»Wow, sieht ja cool aus!«, juchzt Enie, als wir auf die Promenade der Neuen Mitte Oberhausen einbiegen. Ich lächle nachsichtig. So wie jeder Einheimische reagieren sollte, wenn sich ein Besucher ausgerechnet für eine x-beliebige Retortensehenswürdigkeit begeistert. Im Grunde genommen gibt es kaum ein beeindruckenderes Beispiel für das gesichtslose Verklappen von Geld und Möglichkeiten als das CentrO-Gelände. Leider ist auch die impulsive Begeisterung für modern anmutende Projekte eine prägende Schwäche des Ruhrgebietsgemüts. Da muss nur jemand mit englischem Akzent daherkommen, als Beruf »Investor« angeben und Pläne pupsnormaler Glasperlen-Architektur mit PowerPoint präsentieren – schon ruft die Ruhri-Obrigkeit willfährig: »Genau so machen wir das!« Die Innenstädte des Potts sind voller hässlicher Neubauten, für die gewachsener Altbaubestand als Bauern-

154

opfer weichen musste. Es brauchte erst die Internationale Bauausstellung Emscher Park, um ein Bewusstsein für die eigene Geschichte und pöttische Wahrzeichen zu entwickeln und öfter mal zu sagen: »Genau so lassen wir das!«

Thorben hat sie zu einer persönlichen Führung durch die Neue Mitte eingeladen, erklärt Enie mir. Klingt zunächst danach, als wollten sie die nicht unbedingt mit Charme gesegneten Filialen der Verköstigungsketten zwischen dem Platz der Guten Hoffnung und Luise-Albertz-Platz abklappern. Aber ich habe das Arrangement unterschätzt. Besser gesagt: Ich habe Thorben zu Unrecht auf seine Kneipenaktivitäten reduziert. Aus irgendeinem Grund hat der Junge Kontakt zur High Society der Ruhrpott-Entwicklungshelfer und eine Einladung zur Vorstellung des neuen Image-Trailers für die Metropole Ruhr im Gasometer ergattert. Mit anschließendem Empfang auf der Aussichtsterrasse. Bei Fingerfood und Cocktails. Mir scheint, dass die Highlights dieser Tage allesamt an mir vorübertrudeln.

Wandel XXL: Einfach mal bauen – die Neue Mitte Oberhausen

Das Ende von Kohle und Stahl an der Ruhr hat nicht nur monumentale Gebäude hinterlassen, um deren Erhalt sich neue Nutzungskonzepte reißen, sondern auch riesige

Brachflächen, die nach dem Abriss von Gebäuden entstanden sind oder zuvor für die Lagerung und den Transport genutzt worden waren. Ganze Eisenbahnnetze umgarnten die Zechen, Hochöfen und Produktionsstätten – die schieren Mengen benötigter Materialien wie Eisenerz und Koks würden komplette Amazon-Distributionszentren unter sich begraben. Plötzlich gab es Platz auf dem Gelände der »verbotenen Städte«, die nicht selten die Ausmaße eines kompletten Stadtteils erreichten. Auf dem Gelände der Gutehoffnungshütte mit einer Fläche von 143 Hektar hat sich die Stadt Oberhausen in den 1990er-Jahren deshalb eine »Neue Mitte« geschaffen: ein Zentrum neben dem alten Zentrum.

Mittendrin liegt das CentrO, ein zweigeschossiges Einkaufszentrum mit knapp 119.000 Quadratmetern Verkaufsfläche und 14.000 kostenlosen Parkplätzen. Flankiert von einer 400 Meter langen Promenade munterer Fassadenbauten, die die Außengastronomie abdecken. Als weitere Gebäude des neuen Zentrums siedelten sich eine Veranstaltungsarena, ein Multiplex-Kino, ein Musical-Theater, ein Erlebnisschwimmbad und eine Filiale der Sea-Life-Aquarien an. Außerdem bezog das TOP SECRET Spionagemuseum die Räumlichkeiten der bereits geschlossenen Modellbahnwelt.

Nun ist Oberhausen, das als Großstadt mit der höchsten Verschuldung pro Einwohner durch die Schlagzeilen geistert, nicht unbedingt in der Pflicht, auf alle Welt Rücksicht zu nehmen. Aber die Schnellgeburt einer riesigen Shop-

ping-Retorte führte in einem derart engen Städtekonglo-
merat wie dem Ruhrgebiet zu argen Bedenken. Es stand zu
befürchten, dass diese Brachial-Aktion nicht nur das von
den Stadtplanern billigend in Kauf genommene Ausbluten
der alten Oberhausener Innenstadt bewirken würde, sondern auch den Nachbarstädten erheblich Kaufkraft abhanden kommen sollte.

Letztlich ging die Sache doch recht glimpflich aus: Seit
seiner Eröffnung im Jahr 1996 hat das CentrO natürlich den
Reiz des Neuen verloren und der Vorteil kostenfreien Par-
kens lockt nicht jeden auf die Autobahn, um dann Filialen
jener Ladenketten aufzusuchen, denen man daheim schon
nicht entkommt. Alle anderen großen Städte des Potts
haben mittlerweile mit ähnlichen Shoppingmalls gekon-
tert und die Oberhausener Bürger überdies den Charme
der Einkaufsstraßen ihrer gewachsenen historischen Mitte
wiederentdeckt.

Lautet das Resümee der Neuen Mitte also: Außer Spesen
nix gewesen? Mitnichten. Denn sollte das CentrO wegen
Besucherrückgangs gar irgendwann einmal seine Pforten
schließen müssen, bliebe da immerhin die mit der neuen
ÖPNV-Trasse verbesserte Verkehrsanbindung zum Gasometer und zum Schloss Oberhausen mit der Ludwig Galerie im Kaisergarten – ein nicht zu verachtender Gewinn
für die Stadt.

Thorben klopft mir ungefragt und immer wieder auf
die Schultern, schwärmt von dem anstehenden Auftritt

beim Festival Extraschicht und dem Ausblick vom Gasometer, den ich ja leider verpassen würde.

»Ja, den Gasometer würde ich mir wirklich gern mal wieder anschauen! Ist ein echtes Highlight«, impfe ich Enie ein, damit sie die Gewichtung der Ereignisse der nächsten Stunden auch richtig setzt. »Aber denkt bitte daran, dass sich Enie nicht allzu spät aufmacht! Die S-Bahn-Verbindungen von Oberhausen nach Wattenscheid sind am späten Abend alles andere als gut. Und wir wollen ihren Eltern ja nicht noch mehr Sorgen bereiten, richtig?« Thorben lächelt verschmitzt und zieht sein As aus dem Ärmel: »Dat mit ihren Eltern is' geritzt – hab' ich meinen Charme spielen lassen!«

Stolz berichtet er, dass er zunächst Enies Widerstand, ihm die Nummer ihrer Eltern zu verraten, gekonnt gebrochen hatte. Dann habe er ein angenehmes Gespräch mit Vater Wim geführt, die Wogen geglättet sowie die Erlaubnis eingeholt, Enie heute Abend das neue Image der Metropole Ruhr erleben lassen zu dürfen. Nach anfänglichem Zögern hätten sich Wim und Margret breitschlagen lassen. Und nach Ende der Veranstaltung, da bringt er die Tochter mit dem Auto noch bis vor die Tür der Pension. Versprochen.

»Wir sollen nur vor eins zurück sein und für deinen Vater ein paar Prospekte mitbringen. Aber so eine Veranstaltung löst sich sowieso immer auf, sobald das Essen abgeräumt ist.«

Zum Dank wird unser Held von Enie umarmt. Muss schon zugeben, dass ich auf dem Gebiet des Teenager-

Escortservices noch einiges von Thorben lernen kann. Ich wünsche den beiden viel Spaß und krempele mich gedanklich auf mein Programm des Abends um: Marcs Einweihung der neuen Hütte in Mülheim an der Ruhr!

Bodenständig
oder nur ständig am Boden?
Back to the Ruhr-Roots

Resteverwertung – das bleibt im Pott!

Nach den heutigen Extraportionen des Struktur-wandels ist mir plötzlich nach unverfälschter Ur-sprünglichkeit. So faszinierend manche Ergebnisse auch ausfallen, der ganze Zauber und Ehrgeiz um Aufbruch und Neuorientierung macht mich schwindeln. Wer soll all die neuen Angebote nutzen, wer behält überhaupt noch den Überblick und – gehört das alles wirklich hier-her? Vieles erscheint maßlos überdimensioniert. Wie diese seltsame Haltestelle an der Neuen Mitte, die Busse im 90-Sekunden-Takt abfertigen soll. Das Tempo der Veränderung scheint langsamere Gemüter wie mich hin-ter sich zu lassen.

Am Horizont ragt der Gasometer 117,5 Meter hoch in den Himmel, stoisch. Das neue Wahrzeichen der Stadt und Symbol für den gelungenen Wandel, seit 1994 Ort von Ausstellungen, Messen, Ballett- und Theateraufführungen. Ich erinnere mich, mit welcher Begeisterung ich in dem Glasaufzug im Inneren des früheren Gasspeichers rauf- und runtergefahren bin, um Christos Ölfässerinstallation *The Wall* zu betrachten. Aber dieses einsame Relikt, in dem alle paar Jahre eine aufsehenerregende Ausstellung haltmacht und uns ungeahnte Raumerlebnisse beschert, ist auch das letzte Gebäude des ansonsten vollständig geräumten Areals der Gutehoffnungshütte. Ein Turm, der ursprünglich zur Zwischenspeicherung von Hochofengas genutzt wurde, das als Abfallprodukt anfiel. Also so etwas wie die Komposttonne eines botanischen Gartens. Ein sehr schöner Turm, keine Frage, und wer die Chance hat, eine Ausstellung in seinem Innern zu besuchen, sollte sie sich unter keinen Umständen entgehen lassen. Aber er steht da wie ein Mahnmal und der letzte Überlebende eines Geländes, dem man schlichtweg nicht so viel Erhaltungs- und Erinnerungswert beimaß wie der Zeche Zollverein oder dem Landschaftspark Nord. Es ist, als hätten die Stadtplaner gedacht: Irgendetwas müssen wir den rührseligen Seelen ja lassen, nehmen wir doch den Gasometer, der ist am höchsten!?

Ich betrachte die anderen Wartenden auf dem Bahnsteig. Drei alte einsame Damen. Drei weitere alte Damen in einer Gruppe – irgendwie auch einsam, ein in Smartphone-Meditation versunkener Jüngling, Marke »Stu-

dent« (obschon Oberhausen Deutschlands bevölkerungs-
reichste Stadt ohne Uni oder FH ist). Fünf gackernde
Migrantenmädels kurz vorm Zenit der Pubertät, die
einander – unter Beobachtung von vier neben ihnen lun-
gernden Jungen gleichen Alters – mit feixender Über-
drehtheit necken. Am anderen Ende des Bahnsteigs ein
früh gealtertes Pärchen mit zwei krakeelenden Kindern,
ein drittes vermutlich im überdimensionierten Kinder-
wagen verstaut. Dahinter hockt ein Greis zwischen neben
ihm deponierten Einkaufstüten, den Anweisungen seiner mutmaßlichen Ehefrau gehorchend, die auf eigene
Faust die Fahrpläne studiert und dabei ständig wiederholt: »Bleib sitzen, Heinz!«

Daran lässt sich nichts romantisieren – hier haben
sie sich versammelt: die ganz normalen Leute. Das sind
die, die hierbleiben, wenn sich der Parkplatz leert, auf
dem die Autos mit den fremden Ortskennzeichen stehen, mit denen gänzlich andere Menschen von weither
angereist sind, um das neue Christo-Projekt im Gasometer zu betrachten oder »echte« Ruhrgebietsluft zu
schnuppern.

Vielleicht würden einige von den Menschen auf dem
Bahnsteig den Namen Christo mit etwas Religiösem
assoziieren. Keiner von denen wird die Tauchgründe im
Duisburger Landschaftspark nutzen. Keiner nach Bochum reisen für ein klassisches Konzert in der Jahrhunderthalle. Und einen Liegeplatz in der Heinz-Schleußer-
Marina am Rhein-Herne-Kanal gleich um die Ecke wird
auch sicherlich niemand in Anspruch nehmen wollen.

So viel Gewissheit geben einem die Klischees schon noch.

Aber welche Perspektive gibt dann das, was man den Strukturwandel nennt, den Leuten hier? Wird irgendeiner der hier versammelten Menschen irgendwann als Kurator einer Ausstellung zur Geschichte der Arbeit sein industriekulturelles Erbe pflegen? Oder zumindest als Kartenabreißer einen Beitrag zur postmontanen Kulturlandschaft leisten? Wird der Zustrom auswärtiger Touristen auf Dauer diesen Bahnsteig ernähren können? Können sich die notorisch klammen Städte den Unterhalt der spektakulären Wahrzeichen des Potts überhaupt langfristig leisten? Oder dämmert hier bereits der Morgen nach dem Strohfeuer?

Es wäre der Fehler des Besuchers, die touristischen Highlights der Region als Identitätsanker der hier sesshaften Menschen zu überhöhen. Die Folklore einer 150-jährigen Geschichte der Schwerindustrie wird zwar bereitwillig und mit eigenem Vergnügen aufgeführt. Aber sollte dieser Tanz ums Lagerfeuer irgendwann enden, werden sich diese pragmatischen Indianer ihres Federschmucks entledigen und sagen: »Okay – nächstes Spiel!«

Ihr Resümee des Strukturwandels wird jedenfalls gänzlich anders ausfallen: Selbst wenn sich der Wert des Gasometers eines Tages nur noch auf sein Baumaterial beschränkt und bei der Brückenskulptur *Slinky Springs to Fame* alle Lichter ausgehen – uns bleibt zumindest unser Einkaufszentrum!

Vom alten Oberhausen

Merke: Jede neue Mitte hat einen alten Kern. In Oberhausen ist dieser allerdings nicht allzu alt. Ausgangspunkt der Stadtgründung war ein 1847 ins Nichts gebauter Bahnhof, der nach einem zwei Kilometer entfernten Schloss »Oberhausen« genannt wurde. Noch vor Gründung der Stadt im Jahr 1874 hatten sich bereits die ersten Industriebetriebe um den Bahnhof angesiedelt. Oberhausen hat also eine gewisse Tradition, was Haltestellen und die schnelle Ansiedlung auf der grünen Wiese angeht. Vielleicht kein Hotspot für Altertumsforscher und als Nothaushaltskommune momentan arg beengt in seiner prunkvollen Entfaltung, hat Oberhausen doch in diversen Bereichen Geschichte geschrieben. So verfügt die Stadt mit dem Druckluft, dem Zentrum Altenberg und dem Ebertbad über gleich drei zentrumsnahe Veranstaltungsstätten der freien Kulturszene mit überregionaler Bedeutung – und nicht wenige später heiß gehandelte Newcomer hatten den Eintrag »Oberhausen« in ihrem ersten Tourkalender. Noch renommierter ist die Stadt als jährlicher Austragungsort der Internationalen Kurzfilmtage, die den Filmemachern aller Welt seit 1954 demonstrieren, wie relaxt und unprätentiös so ein Filmfestival ablaufen kann.

In Sachen musealer Nachbereitung der Industrialisierung kann man in Oberhausen den Rundumschlag angehen: Im industriearchäologischen Park der St.-Antony-Hütte sieht man wo und wie die erste Eisenhütte des Reviers als Wiege der Ruhrindustrie 1758 in Betrieb genommen wurde. Das LVR Industriemuseum zeigt in der Zinkfabrik Altenberg mit der Ausstellung *Schwerindustrie*, wie beschwerlich die Arbeit bis zuletzt war, und in der Siedlung Eisenheim kann man begutachten, wie die Arbeiter im Pott lebten und ihren schweren Alltag in dörflich anmutender Gemeinschaft meisterten.

Der Bus kommt und lädt die komplette Mannschaft ein. Kurz darauf treffen wir am Oberhausener Hauptbahnhof ein. Dort nehmen die Fahrkartenkontrolleure noch meine Daten auf.

Das amüsiert mich mehr, denn dass es mich ärgert. »So was passiert!«, rechtfertige ich mich und meine damit etwas ganz anderes, als die Kontrolleure zu verstehen glauben. Vielleicht denkt Enie an mich, wenn sie das Tagesticket in ihrem Portemonnaie entdeckt. Aber vermutlich kümmern sie heute Abend ganz andere Dinge. Als Besucher sollte man ruhig etwas Geld in der Region lassen, denke ich.

Und jetzt soll endlich gefeiert werden!

Die Windeln des Wandelns

Sind die
Windeln des Wandelns
Halbvoll?
Halbleer?
Egal,
Was ich toll find':
Sie riechen nicht mehr!

Klein, aber mein!
Das Siedeln in Heimen

Mülheim und die
Zechenkolonien an der Ruhr

Die S-Bahn benötigt nur sieben Minuten bis Mülheim an der Ruhr. Trotzdem bin ich später dran als geplant, was mich ärgert. Auf diese Party habe ich mich seit Wochen gefreut, verspricht sie doch ein Wiedersehen mit vielen alten Freunden, einige davon wie ich von weit her aus neu eroberten Exilen angereist. Ein Abend, der ganz im Zeichen des »Und was machst du so?« stehen wird.

Es ist nur folgerichtig, dass Marc sich das beschauliche Mülheim an der Ruhr ausgesucht hat, um nach einigen Jahren beruflichen Herumreisens mit dem Bau eines Eigenheims einen Pflock einzuschlagen. Zuletzt hat er in Leipzig Station gemacht, wo er seine Frau Anke kennengelernt und zwei Jahre lang den munteren Zwillingsnachwuchs in einem Fabrik-Loft großgezogen hat. Der

Plan, in den Zugriffsbereich eines der Großelternpaare zu ziehen, hat paarintern sicherlich zu einigen Diskussionen geführt. Anke kommt gebürtig aus Süddeutschland. Aber Mülheim an der Ruhr – das scheint mir ein Kompromiss. »Pott ja, aber bitte in nett!«, mit diesen Worten oder so ähnlich hält sich die Stadt etwas zurück in Sachen Malochersitten. Selbst Fußball spielt in der Theaterstadt am Wasser nur eine geringfügige Rolle. Dieser tote Winkel des Großstädtischen bietet jungen Familien einen geeigneten Rückzugsort, an dem man ohne Verpflichtungen im Zwischendrin wohnt. Marc hatte immer davon geredet, in eine Zechenkolonie ziehen zu wollen. Natürlich eine von den schönen – Margarethenhöhe, Dahlhauser Heide – wo jeder Leerstand direkt von Horden nostalgischer Jungakademikerfamilien umschwärmt wird. Auch Mülheim sollte über entsprechende Siedlungen verfügen. Doch bis man dort zum Zuge kommt, ist die Midlife-Crisis womöglich längst vorbei.

Ein Großonkel von mir wohnte in einer *richtigen* Zechenkolonie, deutlich grauer und unfreundlicher als die Gartenstadt Margarethenhöhe, an der Stadtgrenze zu Gelsenkirchen. Onkel Harald wäre es nie in den Sinn gekommen, trotz Jahrzehnte während der Berufsinvalidität seine Arbeitersiedlung zu verlassen. Alle anderen waren ja auch noch da. Und blieben. Als Witwer profitierte er zudem davon, dass die Nachbarsgattinnen ihm ganz selbstverständlich Aufgaben wie Kochen, Waschen und Einkaufen abnahmen. So ein alleinstehender Mann galt in dieser Altersgruppe als auf dem Rücken liegender Käfer.

An seinen Geburtstagen liefen in der schlecht riechenden Wohnung immer eine Schar laut plappernder Frauen und unwirscher, brummiger Männer umher, die viel und viel zu laut husteten. Ich hielt diese Menschen für Verwandtschaft, weil ich mir nicht vorstellen konnte, dass der ruhige Onkel Harald mit diesen derben Personen befreundet sein könnte. Andererseits hätte es niemand aus der Verwandtschaft gewagt, auf Onkel Haralds Geburtstagsfeier den Fernseher anzustellen und über das Gezeigte lautstark zu schimpfen. Das waren Nachbarn. Die bewohnten sich gegenseitig. Hier herrschte ständig Tag der zu öffnenden Tür – nicht aus Sympathie, sondern aus Gewohnheit. Weil schon die Väter gemeinsam in der Kaue geduscht hatten.

Einer von diesen Nachbarn hat mich einmal aus der Hand einer üblen Kinderbande befreit, die mir hinter dem Schuppen Unmengen frisch gemähter Wiese unter meinen Pullover gestopft hatte. Den fand ich anschließend natürlich sehr nett, obwohl Onkel Harald ihn immer »den schmierigen Kollek« nannte. Auch andere männliche Nachbarn waren mir nur unter ihren Nachnamen bekannt. Immerhin – ich kannte sie alle. Meine Berliner Nachbarn bemerke ich manchmal bei ihrem Auszug zum ersten Mal.

Kurz nach Onkel Haralds Tod wurde die Zechenkolonie dann abgerissen und durch eine neue Wohnstraße mit großzügigeren Appartements ersetzt. Aber ich denke, dass diese Siedlung nun wirklich nicht das war, was Marc und die Jungakademiker meinen.

Da simmer dabei, dat is' prima – Zechen-Colonia!

Mit der Anwerbung von Tausenden Arbeitskräften in der Blütezeit der Industrialisierung stellte sich auch die Frage nach deren Unterbringung. So wurden von den Zechengesellschaften erste Siedlungen in Nähe der Schachtanlagen errichtet. Kleine zweigeschossige Reihenhäuser (höher zu bauen, war wegen der immer wieder auftretenden Bergschäden nicht angeraten), die zunächst nur die Funktion von Schlafstätten zu erfüllen hatten. Um eine leistungssteigernde Zufriedenheit der Arbeiter zu gewährleisten und deren Murr-Potenzial in Schach zu halten, ging der Werkswohnungsbau zu einer gelockerten Siedlungsform über, der Kolonie: Ansammlungen quasi-idyllischer Häuschen mit Selbstversorgergarten sowie einem dort untergebrachten Schuppen mit Stall und Toilette. Das Haus im »Stern-Grundriss« mit vier separaten Eingängen wurde zum typischen Bautyp des Ruhrgebiets.

Über die bauliche Isolierung der Familien in eigenen Wohnungen sollte die Sesshaftigkeit der Arbeiter, eine Bindung an den Arbeitgeber und bürgerlich konforme Lebensweisen gesichert werden. Die Privatsphäre der Familie wurde aber durch die als Nebenerwerbsquelle übliche Unterbringung von Kostgängern oder Schichtschläfern (Arbeiter, die in einer anderen Schicht als der Hausherr arbeiteten und während dessen Arbeitszeit sein Bett nutzten) unterlaufen. Auch die Enge der Bebauung sowie wirtschaftliche Nöte – aus denen eine Kultur des gegenseitigen Aushelfens »unter der Hand« resultierte – führten zu einer intensiven Nachbarschaft in den Kolonien, die so nur wenig Raum boten für Zurückgezogenheit.

Als Beispiele der sogenannten »Arbeitergartenstädte« stehen die Dahlhauser Heide in Bochum-Hordel und die Siedlung Margarethenhöhe in Essen unter Denkmalschutz. In Letzterer kann eine vollständig eingerichtete Musterwohnung besucht werden, die die ursprüngliche Gestaltung der Wohneinheiten verdeutlicht.

Ebenfalls unter Denkmalschutz steht die älteste Arbeitersiedlung des Ruhrgebiets, Eisenheim in Oberhausen. 38 Häuser der 1846 gegründeten Siedlung wurden durch den engagierten Protest der Bewohner in den 1970er-Jahren vor dem Abriss bewahrt. Im ehemaligen Waschhaus an der Berliner Straße ist heute das Museum Eisenheim mit der Ausstellung *Eisenheim: Gründung, und Ausbau, Niedergang und Neubeginn der ältesten Arbeitersiedlung im Ruhrgebiet* untergebracht. Da aber die Öffnungszeiten auf Sonn- und Feiertage begrenzt sind, empfiehlt es sich, einfach bei einem Spaziergang durch die Siedlung die rund 70 Schautafeln des Projekts *Sprechende Straßen – sprechende Baudenkmäler* zu studieren, die anekdotenhaft das Leben in einer Zechenkolonie beschreiben.

Obschon sich Marcs neues Domizil in unmittelbarer Spuckweite zum Zentrum befindet, offeriert mir der Busfahrplan, den ich am Ausgang des Hauptbahnhofs finde, für den frühen Abend einen halbstündlichen Takt. Und ich bin eine Minute zu spät dran. Doch bevor ich deswegen einen inneren Wutausbruch durchleide, werde ich schon vom Bus eingesammelt.

»Abends sind so wenig Fahrgäste unterwegs, dass ich auf der Strecke kaum anhalten muss. Da fahr' ich gern wat später los, sonst muss ich nachher in der Pampa warten, bis ich wieder im Plan bin«, erklärt mir der Fahrer. »Hasse Glück gehabt!«

Ich nicke amüsiert. Und zücke mein Notizbuch:

Die Siedler von Catan(berg)

Hinten bei den Teppichstangen
Ham wir früher abgehangen
Für uns gab's sonst nichts zu tun

Lauschten, was der Nachbar schaut
»Mensch, stell den Kasten nich' so laut!«
»Dann hör doch weg, du blödet Huhn!«

Dann kam euer Umzug – ich selbst blieb noch lange
Doch nie hing ein Teppich dort über der Stange
Der Rost hat sie dann abgebaut
Und ich, ich hab' TV geschaut

An der Adresse angelangt, verwundert mich die Bauweise der frisch bezogenen Eigenheime in der Straße: zweigeschossig, schnörkellos und eng aneinandergeschmiegt, die Haustür direkt an der Straße, nach hinten heraus ein luftiger Garten mit Geräteschuppen. Rechnen wir die Carports heraus, die zwischen je zwei Häusern für breitere Lücken sorgen, stehe ich in einer original Zechenkolonie. So unspektakulär verwirklicht man hier also seine Hausbauerträume. Oder ist das ein Retro-Trend? Lokalkolorit ohne Wartezeiten? So oder so – Marcs Plan, eine Zechenkolonie zu beziehen, hat sich über Umwege dann doch verwirklicht.

Auf der Straße kommt mir Andi entgegen, der sich sogleich entschuldigt, bereits so früh aufbrechen zu müssen: »Aber der Kurze will ja auch wat von sei'm Vatta ham am Wochenende. Unter der Woche sieht man sich ja fast nich' mehr.«

Was man auch von uns beiden behaupten könnte.

»Aber morgen«, fügt er mit väterlicher Fürsorge hinzu, »kommen wir zu deinem Auftritt in Gelsenkirchen. Thomas hat davon erzählt. Wir wollten uns ohnehin dieset Jahr mal wieder auffe Extraschicht rumtreiben.«

Es wird sich viel erzählt im Pott, habe ich den Eindruck, die Dinge machen rasend schnell die Runde.

»Dann bis morgen also – komm gut heim!«, sage ich.

Währenddessen hat sich die Haustür geöffnet. Die Silhouette eines Bergmanns. Als dieser die Eingangsstufen hinunterstiefelt, erkenne ich Marc in den Klamotten.

»Na, hallöchen – Hauptstadtbesuch! Das freut mich ja, dass du's einrichten konntest!«

»Ehrensache. Schöne Hütte habt ihr euch da gebaut, Glückwunsch!«

»Na ja, ist halt Mülheim, 'ne!? Aber ganz *nice*, die Gegend. Ruhig – und trotzdem nicht aus der Welt.«

»Hmhm. Mülheim halt«, sage ich mit einem Grinsen.

Die Kleinen zwischen den Großen: Mülheim, Herne und die anderen

Gleich neun der 76 Großstädte der Bundesrepublik liegen im zentralen Pott zwischen Duisburg und Dortmund. Bei der großzügigeren Definition des Ruhrgebiets als »Metropole Ruhr« kommen mit Hagen, Hamm und Recklinghausen noch einmal drei Städte dazu. Diese stehen, genauso wie alle anderen kleineren Städte, im Schatten der großen fünf (Duisburg, Oberhausen, Essen, Bochum und Dortmund). Bottrop erkämpft sich Aufmerksamkeit über wahnwitzige Haldenspektakel und als Halligalli-Metropole mit Skihalle, dem Movie Park Germany sowie einem Indoor-Skydiving-Flugtunnel. Herne verhält sich den meisten Teil des Jahres ruhig, um sich im Sommer mit der Cranger Kirmes in die Top 3 der größten Volksfeste hineinzufeiern und mehrere Millionen Besucher an den Rhein-Herne-Kanal zu locken. Recklinghausen hat die Ruhrfestspiele, Hamm den Maximilianpark nebst Glaselefant, Hagen ein Kunstquartier plus Freilichtmuseum und Gelsenkirchen ist Schalke. Mülheim an der Ruhr setzt auf den Faktor Wasser und punktet damit, als einzige Stadt im Ruhrgebiet tatsächlich den namensgebenden Fluss durch sein Zentrum fließen zu haben – und das von echtem Grün umsäumt. Die wichtigsten Sehenswürdigkeiten wie das preisgekrönte Aquarius-Wassermuseum, das Kunstmuseum Alte Post, die weltgrößte Camera Obscura und das renommierte Theater an der Ruhr lassen sich mit einem schönen Uferspaziergang verbinden.

Pott bewahre!

Erinnerungskultur

M ensch, wir haben uns auch Ewigkeiten nicht mehr gesehen, was?«, sagt Marc, als er mich ins Haus geleitet.

»Stimmt – in der Zwischenzeit 'nen neuen Job angenommen?«, frage ich und zupfe dabei an seinem blau-weißen Grubenhemd.

»Ach, das hat mir Bodo zum Einzug geschenkt. Der macht ja auf Heimatkunde und hat im Kommunalverband noch so 'ne Kluft aufgetrieben … Aber das Hemd geht doch eigentlich, oder?«

»Klar, siehst spitze aus!«

»Kennst du Bodo überhaupt? Musst du kennenlernen – schreibt auch Bücher, aber halt mehr Lokalgeschichte und so. War mal mit Maike verheiratet.«

Ich denke an die Isenburg, die Heimliche Liebe, den einsamen Eintrag in meinem Notizbuch.

»*Die* Maike?!«

»Stimmt! Die war ja mal dein großer Schwarm! Aber besser, du erwähnst ihren Namen nicht in seiner Gegenwart. Ist nicht so richtig gut geendet, die Sache. Glaube, da knabbert er immer noch ganz schön dran … Aber komm, ich führ' dich mal kurz rum!«

Während des Rundgangs durch die zwei Etagen nebst Keller entschuldigt sich Marc immer wieder für den aktuellen Zustand der recht kleinen Zimmer und erklärt mir, wie es dort irgendwann einmal aussehen soll. Die meisten Möbel kenne ich aus dem IKEA-Katalog. Auch in Hinblick auf Gebrauchsspuren.

»Habt ihr euch das alles neu zugelegt?«

»Unseren alten Kram konnten wir größtenteils in Leipzig lassen. Hätte doch irgendwie nicht hier hingepasst, dieser ganze ostige Retro-Tinnef. Den Nachmieter hat's gefreut!«

Ich nicke und trauere in Gedanken einigen Schmuckstücken aus Marcs früheren Wohnungen hinterher.

Anke hat uns unterdessen für die Besichtigung mit zwei Flaschen Fiege versorgt, im Wohnzimmer läuft Stoppok – ich betrachte noch einmal Marcs Outfit: »Scheint ja alles ganz gut zu klappen mit eurer Integration!«

»Ja, du, ich sach dir: Ich mach' drei Kreuze, dass ich wieder im Pott bin! Wie siehtet denn bei dir aus? Keine Sehnsucht nache alten Kumpels?«

Doch. Deswegen bin ich ja heute hier.

»Mensch, schade, dass'e nich' eher gekommen bis'!«

Marc rekapituliert, wen ich gesehen hätte, wenn ich etwas

eher auf seiner Party erschienen wäre. Alle, die ich zu treffen gehofft hatte, scheinen bereits wieder aufgebrochen. Aber Trachtendealer Bodo ist noch da und befindet sich passenderweise in einer Unterhaltung mit Thomas.

»Ah, da ist ja unser großer Dichter!«, ruft Thomas. »Kennt ihr euch? Frank – Bodo. Auch Schriftsteller.«

Marc klopft mir auf die Schulter und stürzt sich wieder ins Getümmel.

»Na ja, Schriftsteller – das ist so ein großes Wort«, wiegelt Bodo ab. »Ich würde das mal so nennen: Ich versuche, ein paar Schätze der Metropole Ruhr zu bewahren.«

»Oder an Freunde zu verschenken!«, ergänze ich. Kurz halte ich dies für einen gewitzten Anschluss. War es aber nicht. Bodo und Thomas schauen mich fragend an. Ich deute dorthin, wo eben noch Marc gestanden hat und stammle: »Die Bergarbeiterkluft? Die ist doch von dir? Meinte Marc.«

Die beiden lachen etwas dümmlich.

»Ja, ja – die hab' ich vom Job mitgebracht! Steht ihm gut, oder? Macht doch Sinn, so ein Teil, wenn sich jemand im Ruhrgebiet dauerhaft niederlässt. Gehört ja schließlich zur Geschichte dieser Gegend.«

»Klar. In Bayern rennen sie doch auch mit ihren Dirndln herum!«, merkt Thomas an.

»*Das* könnt' ich mir bei Marc auch ganz hübsch vorstellen!«, sage ich und lache ebenso dümmlich wie die beiden anderen. Willkommen in einem richtig blöden Gespräch.

»Du bist morgen bei der Extraschicht, habe ich gehört?«, fragt Bodo. Gibt es eigentlich irgendjemanden in Thomas' Dunstkreis, der noch nichts von meinem morgigen Engagement weiß? Wie immer er selbst davon erfahren haben mag.

»Ja, so ein kurzes Ding auf einer Nebenbühne. Ich spring ein, weil denen irgendwer abgesagt hat.«

»Welcher Veranstalter?«

»Keine Ahnung. Läuft über 'nen Bekannten.«

»Da gibt's ja momentan etwas Ärger wegen einiger Bierbuden, die sich einfach ans Fest heften und von dem Publikumsrummel profitieren.«

»Aha. Na ja, wie gesagt – keine Ahnung, wie das organisiert ist. Kann gut sein, dass das nichts Offizielles ist.«

»Letztlich lebt das Fest ja auch von solchen Sachen. Aber Tom hat mir erzählt, dass du jetzt auch Ruhrgebietsgedichte schreibst?«

Tom. Ich weiß, dass Thomas die Verkürzung seines Namens hasst, aber dem Lokal-Sheriff scheint alles erlaubt, solange er uns vor nicht genehmigten Bierbuden schützt.

»Wäre 'ne super Sache, wenn du die morgen bei deinem Auftritt vortragen könntest. Ich bin da nämlich mit einem Kamerateam unterwegs, um ein paar Eindrücke einzufangen. Für die Carta Ruhr. Ein Projekt, das den Geist der Metropole Ruhr multimedial erfahrbar machen möchte. Als Mobile-Anwendung, aber auch frei im Netz.«

Schöner Scheiß, denke ich und sage: »Aha.«

»Der Schwerpunkt ist zwar historisch, aber natürlich sollen auch zeitgenössische Protagonisten der Metropole Ruhr zu Wort kommen.«

Bodo leiert eine Liste der bislang Beteiligten herunter und bewegt sich dabei in der Tat zu weiten Teilen im Rahmen der A-Prominenz. Ich bin überrascht, und spontan glimmt Goldgräberstimmung auf – in solch einer Gesellschaft steht mein Durchbruch auf die Bestsellerlisten ja unmittelbar bevor. Halbwegs zumindest. Bodo, der Königsmacher?

»So ein Lyrik-Clip wäre da doch das Tüpfelchen auf dem ›i‹. Hättest du nicht zwei, drei Texte, die sich für die Carta eignen würden?«

»Denke schon. Ich sitze auch noch an einigen Texten, die ich im Laufe des Tages etwas runder machen möchte, um sie morgen vorzutragen. Da bin ich ganz zuversichtlich, dass die was taugen.«

»Das will ich auch hoffen!«, meldet sich der zum Tom degradierte Thomas zurück. »Er schuldet mir nämlich ein paar Gedichte und ist da voll im Rückstand.«

»Wäre natürlich genial, wenn das klappen würde! Die Carta ist wirklich ein tolles Projekt – wir haben da unglaubliches Fotomaterial zusammengetragen, auch Super-8-Filme – alles bislang unveröffentlichte Privataufnahmen. Viel Nachkriegszeit, 70er, schräger Kram! Reflektiert ziemlich beeindruckend das Leben in den Siedlungen, auch Fußball, natürlich – großartige Szenen …«

Ersparen wir uns das! Meine Gedanken schwirren mit einem Schlag allein um die Frage, wie ich bis morgen Abend zwei bis drei Texte fertigbringen soll, die ich irgendwann auf den iPads früherer Klassenkameraden wiedergegeben wissen möchte. Aber sollte mir das gelingen, sollte es doch für irgendetwas gut sein?

Unterdessen haben sich Bodo und Thomas heißgeredet und überziehen die Pottindustrialisierung mit einem Lobpreisungsbombardement. »Weißt du noch …?« und »Kannst du dich noch erinnern …?« in einer Tour. Eine Zeitzeugen-Zirkusnummer von Menschen, die sich nicht ernsthaft als Arbeiterkinder bezeichnen können, aber sich neuerdings so fühlen.

»Kannst du dich noch erinnern, wie die Kumpels mit einem Omnibus zwischen den Schachtanlagen hin- und hertransportiert wurden? Als Kinder haben wir den schwarzen Männern immer zugewunken und waren enttäuscht, dass unsere Väter nur langweilige Bürojobs hatten. So dreckig wollte man sich auch mal gerne machen.«

»Damals hat man ja auch noch gemeinsam in der Kaue geduscht, bevor Feierabend gemacht wurde. In den alten Hallen sieht man die Kettenzüge, mit denen man vor dem Duschen die Klamotten an die Decke gezogen hat, damit nichts nass wurde.«

»Meine Omma hat ja noch fast bis zum Schluss in einem Betonwaschtrog im Keller ihre Wäsche gewaschen. Mit Kernseife! Mein Onkel wollte ihr 'ne Freude

machen und hat ihr zum 65. eine Waschmaschine geschenkt, aber sie war überzeugt davon, dass die Sachen
in so einem Ding nicht richtig sauber werden und hat
heimlich im Keller weitergewaschen, obwohl sie's schon
mit den Bandscheiben hatte. Als sie mit 74 gestorben is',
war die Maschine quasi noch neuwertig!«

Zur Arbeit ins Museum

Neben den Zechensiedlungen und den neu genutzten
Industriedenkmälern erinnern auch zahlreiche Ausstellungen an die Arbeit, die das Ruhrgebiet während der Boom-
Phase der Montanindustrie geprägt hat. Sagte ich »zahlreiche«? Unzählige! Es gibt wohl nur wenige Berufe, die
derart umfassend dokumentiert sind, wie die des Bergmanns und Stahlkochers. Beginnend mit dem Ruhr Museum auf Zollverein über das Bochumer Bergbau-Museum,
das Besucherbergwerk Nachtigall in Witten nebst Gruben-
und Feldbahnmuseum, das Industriemuseum Henrichs-
hütte in Hattingen mit einem 55 Meter hohen Glasaufzug
im Hochofen, das Museum für Sozial- und Kulturgeschichte
des Ruhrbergbaus in der ungemein hübschen Dortmunder Zeche Zollern – die Reihe ließe sich beliebig verlängern und müsste noch von den diversen Angeboten an
Führungen und Touren zum Thema Arbeit ergänzt werden.
Hinzu kommen Ausstellungen zu Spezialdisziplinen wie
zum Beispiel im Duisburger Museum der Binnenschifffahrt,

im Schiffshebewerk Henrichenburg in Waltrop, im Brauereimuseum auf dem Gelände der Dortmunder Actien-Brauerei oder in der DASA-Arbeitswelt-Ausstellung, ebenfalls in Dortmund.

Das Ruhrgebiet ist eine Region, in der man sich gerne und ausgiebig an seine Arbeit erinnert. Vielleicht, weil man so lange keine mehr hatte. Mit dem Niedergang der Montanindustrie stieg die Arbeitslosigkeit im Pott um satte 300 Prozent. Nach wenigen Zwischenhochs pendelt sich die Quote bei guten zehn Prozent ein, unter den Städten belegt Gelsenkirchen regelmäßig die traurige Spitzenposition.

Eine tiefgreifende Trendwende ist trotz der Verheißungen aus Kreativwirtschaft und Tourismus oder der Ansiedlung von Unternehmen aus dem Bereich neuer Technologien nicht in Sicht. So bleibt bislang nur die Option, sich die Arbeit im Museum anzusehen – und in 150 Jahren vielleicht die ersten Museen über die aktuelle Ära des Potts zu eröffnen.

»Mein Oppa hätte mit seiner Staublunge eigentlich Schicht machen können, aber er hat sich dann als Halbinvalide für die Ausbildung einteilen lassen, sollte aber im Schulungsraum bleiben. In Wahrheit sind die alle Nase lang eingefahren.«

Wahnsinn. Die beiden reden daher wie zwei neuzeitliche Sprösslinge eines einst ruhmreichen Indianerstammes, die sich noch einmal des Vermächtnisses ihrer

Ahnen bewusst werden. Einer von ihnen baut daraus eine mobile Anwendung, die auch im Internet verfügbar sein wird. Der andere beherbergt all jene, die sich von solchen Erinnerungen in das einstige Revier ihres Stammes locken lassen. Und der dritte Krieger dichtet dazu. Er ist vermutlich der seltsamste Vogel von allen.

Ein Johlen aus dem Nachbarraum kündigt Großes an und für einen Moment richten meine Gesprächspartner ihre Aufmerksamkeit zurück in die Gegenwart. Bergmann Marc kommt ins Wohnzimmer zurückgetrottet, eine schwarze Grubenlampe vor sich schwenkend. Die hinter ihm herstürmenden Schmiddi und Bomber stimmen die passende Zeile des Steigerlieds an: »Und er hat sein helle-hes Licht bei der Nacht, und er hat sein helle-hes Licht bei der Nacht schon angezü-hü-hündt, schon angezündt!«

»Ist ja scharf! Wo haste die denn her?«, fragt Bodo, wie beseelt vom stimmigen Bild von Kluft und Lampe.

»Meret und Maike sind noch gekommen«, antwortet Marc etwas verlegen. Bodos Gesichtszüge gefrieren und er scheint die Grubenlampe prompt etwas weniger scharf zu finden.

Die Steiger und das Steigern

Ich weigere mich couragiert!
Wenn jeder Bürger Steiger wird
Rückt bald der Ruf, den dies einst hatte

Auf Stufe »Mir doch superlatte!«
Scheint auch ein Steig zuweilen klein
Du steigerst dich da in was rein!
Denn hat es je wen int'ressiert
Ob der Herr Ober Oberst wird?
Der Maier wär' meist lieber Mai
Der Bayer beißt sich mit good bye
Die Praia preist den Hermann Prey
Der Geier Geist bleibt gerne gay
Oh nein, das Heil vom Trottoir
Liegt sicher nicht im Kompara-
Tiv, da liegste schief, mein Jung'!
Das kommt von der Versteigerung
Und zeigt, wie weit man abgeirrt
Wenn jeder Bürger Steiger wird!

———————————

Ich nutze die Gelegenheit, mich aus den Fesseln der Pott-vergangenheit zu lösen, und steuere die Küche an.

»Hallo Frank!«, sagt eine mir mit einem Mal wieder vertraute Stimme, und ich bekomme spontan Lust, über die neueste Cure-Platte zu schwadronieren. Maike. Sie grinst noch immer wie früher. Und sie sieht immer noch verdammt gut aus.

Heimtierbedarf und Jagdinstinkt

Das Rennpferd des Bergmanns

D as nenne ich mal eine Überraschung!«, jubele ich mit flatteriger Stimme. Es hätte mich nicht gewundert, wenn ich als Antwort auf Maikes Begrüßung meine Stimme gleich komplett verloren hätte.

»Ja, ist schon ein Weilchen her, dass wir uns das letzte Mal gesehen haben. Aber über dich bekommt man ja alles Mögliche zu Ohren!«

»Ach?«

»Ich hab' dich mal gegoogelt – da findet man ja Tausende Sachen. Scheint gut zu laufen mit der Dichterei!«

»Ich hoffe, du hast nur Gutes über mich gefunden!?«

Mist. Was bin ich doch für ein Idiot! Party-Thorben hätte in meiner Situation vermutlich geantwortet: »Über dich hat mir Google nichts verraten wollen! Ich wollte deswegen schon meinen verdammten DSL-Vertrag kündigen!«

»Du bist jetzt in Berlin? Hab' ja immer gewusst, dass es dich hier nicht halten wird. Ist 'ne coole Stadt, oder?«

»Na ja. Einen Riesenunterschied macht's nun auch wieder nicht!«

Warum muss ich mich nur so dusselig anstellen, wenn mir schon der rote Teppich ausgerollt wird? Es ist unfassbar. Maike greift mit niederschmetternder Coolness und bezaubernder Eleganz zu ihrer Bierflasche, als eine weitere Person die Küche betritt. Ohne ihren Blick von mir abzuwenden, sagt Maike: »Hallo Bodo …«

Der Tonfall der Begrüßung verströmt eine eisige Kälte, die auch mich erstarren lässt. Insgeheim bin ich erleichtert über meine Verschnaufpause als Gesprächspartner. Noch erleichterter bin ich, nicht in Bodos Haut zu stecken.

»Ach, hallo! Du hier?«, fragt er wie unbeteiligt und zieht sich ein Bier aus dem Kühlschrank.

»Ja.«

Wie doch ein einzelnes Wort einen Raum ausfüllen kann! Maike sollte Bücher schreiben.

»Kennst du Frank?«, fragt sie, eigentlich nur um Bodo zu zeigen, dass er stört. Der bereits in Todesstarre Versunkene rappelt sich wieder auf: »Ja, natürlich. Frank macht auch mit beim Carta-Projekt.«

Maike schaut mich abschätzig an. »Ach, tust du das?«

Eilmeldung: In einer frisch renovierten Küche in Mülheim an der Ruhr hat eine ausgewachsene Löwin zwei Warzenschweine gestellt. Es scheint ihr Vergnügen zu bereiten, den wehrlosen Tieren ihre mächtigen Pranken zu präsentieren. Aus geduckter Stellung suchen die beiden Todgeweihten nach Fluchtwegen und sind dabei bereit, den jeweils anderen Artgenossen der Bestie zu überlassen.

»Bodo möchte morgen bei einem Auftritt von mir filmen«, erkläre ich. Was habe ich sonst mit dieser bekloppten Carta zu schaffen?

Sofort untergräbt Bodo meinen Ausbruchsversuch und zerrt mich zurück in die Schusslinie: »Frank schreibt Ruhrgebietsgedichte.«

»Schön«, sagt Maike und runzelt die Stirn.

Ich will gerade abwiegeln, als Meret in die Küche gestürmt kommt.

»Komm, Maike, drüben wird getanzt!«

Uff! Überlebt. Ich vermeide es, Bodo allzu direkt in die Augen zu blicken.

»Diese Frau!«, seufzt er. Dann prostet er mir zu und verschwindet. Sicherlich nicht in Richtung Tanzfläche.

Kein Platz für wilde Tiere – Taubenschlag Ruhrgebiet

Auch wenn das »Rennpferd des Bergmanns« aktuell an Popularitätsverlust als Haustier leidet, ist das Ruhrgebiet die Heimat der meisten Brieftaubenvereine in Deutsch-

land. Seine ersten Erfolge feierte das friedvolle Tier ausgerechnet als Nachrichtenübermittler in Kriegseinsätzen im
19. Jahrhundert. Die Zuwanderer im Ruhrgebiet, die aus
den landwirtschaftlich geprägten Ostprovinzen kamen,
hielten in den hierfür hervorragend geeigneten Schuppen
der Siedlungshäuser neben Karnickeln und Ziegen auch
Brieftauben. Schnell erübrigte sich die Funktion der Taube
als Briefbote, und der Taubensport wurde zum Hobby des
Bergmanns. Flugwettbewerbe wurden veranstaltet und die
Züchtung galt dem Ziel, eine besonders hohe Leistungs-
fähigkeit für den Weitstreckenflug zu erzielen. 1869 gab
es in Bochum bereits das Reisetauben-Sporthaus August
Nolzen, und seit 1905 hat die Brieftaubenreisevereinigung
ihren Sitz in Hattingen. Mit Beginn des 20. Jahrhunderts
nahm der Taubensport im Ruhrgebiet einen steilen Aufschwung, und die Preisflüge gewannen auch bei Zuschau-
ern an Popularität. Mit Geschwindigkeiten von bis zu
120 Stundenkilometern können Spitzentiere bei idealen
Bedingungen an einem Tag Strecken von 1.000 Kilometer
hinter sich bringen. Wenn ihnen kein Sperber dazwischen-
kommt oder ein Marder bereits den Abflug verhindert.

1966 zählte der Verband deutscher Brieftaubenzüchter
102.000 Mitglieder, und noch 1987 lockte die Brieftauben-
Olympiade über 50.000 Besucher in die Dortmunder West-
falenhallen. Doch die Formel »beliebt – bewährt – bewundert« motiviert nicht mehr wirklich zur Taubenzüchtung,
und zeitgenössische Studentenappartements und Town-
house-Lofts zählen nicht zu den natürlichen Lebensräu-

men dieser Tiere. Insbesondere das im Monitorschein ma-
lochende digitale Prekariat sollte sich allerdings auf solche
Ausgleichstätigkeiten besinnen – schließlich ist ihre Situation durchaus mit jener der Bergleute zu vergleichen, die
nach schwerer Arbeit im dunklen Zechenschacht mit ihren
Tauben den Himmel eroberten. Das ist Poesie für den Alltag. Und Brieftauben sind der beste Spam-Filter.

»Soll ich dich mitnehmen?«, fragt Thomas.

Ich habe nun zwei Dutzend Lieder lang am Rand
der Tanzfläche in Marcs neuem Wohnzimmer gestanden und enttäuscht festgestellt, dass mich die tanzende
Maike völlig ignoriert. Zusammen mit Meret lässt sie
sich von jedem Song aufs Neue euphorisieren, und die
beiden beanspruchen den Status einer autonomen Region auf der Tanzfläche für sich. Auf deren Gebiet darf
sich lediglich der plump wippende Bergmann Marc
wagen, den Maike und Meret grinsend in ihre Albern-
heiten einbinden. Also gut! Bei *In Between Days* stürme
ich die Szene, zucke mit emphatischem Minenspiel herum, als wäre der Weltschmerz der 80er noch immer
mein wichtigstes Anliegen. Ich wundere mich, dass ich
mich irgendwann einmal für einen guten Tänzer gehalten habe. Dann lächele ich Meret an. Die ahnt wohl, dass
sie gar nicht wirklich gemeint ist und schiebt mir lachend Maike herüber. Maike grinst kurz. Alles wie vor
20 Jahren. Denk gar nicht erst dran!, schärfe ich mir ein
und zappele weiter. Dabei habe ich an gar nichts gedacht.

»Hallo!?«, erinnert mich Thomas vom Rand der Tanzfläche aus an meine noch ausstehende Antwort. Ich verabschiede mich kurz von meiner reanimierten Jugend
und schlendere mit ausklingenden Tanzbewegungen zu
Thomas herüber.

»Nein, ich komme später nach. Die alten Freunde
hier sehe ich doch alle so selten. Aber danke!«

Thomas blickt sich skeptisch um: Bis auf den Gast-
geber und Schmiddi und Bomber, die wieder verläss-
lich auf dem Sofa eingeschlafen sind, ist niemand an-
wesend, dem ich das Attribut »alter Freund« ans Revers
heften könnte. Die Party roch schon vor einer Stunde
nach Abbruch.

»Wie du meinst«, gibt Thomas zurück und zieht
seine Jacke aus einem verwaisten Klamottenberg hervor. »Dann sehen wir uns morgen zum Frühstück.«

»Laut dem Infoblatt deiner Pension am Wochenende
bis elf!«

»Na, na. Man muss es ja nicht übertreiben. Du willst
doch morgen noch dichterisch tätig werden. Wirst
schließlich gefilmt!«

In diesem Moment stürzt Marc rücklings auf einen
Teewagen, der als mobile Minibar für die härteren Getränke herhalten musste.

Die Scherbenausbeute ist enorm, aber der Hausherr
ist bereits in das Reich allumfassender Sorglosigkeit ab-
getaucht. Meret und Maike entdecken ihre fürsorgliche
Ader und schultern Marc für einen Gang zu den Schlaf-
gemächern im ersten Stock, während Anke dem See aus

191

Hochprozentigem mit einem Aufnehmer beizukommen versucht. Die Gastgeberin ist kurz vorm Wutausbruch. Thomas bringt gerade noch rechtzeitig einen hastigen Abschiedsgruß unter und verschwindet. Zwei mir unbekannte Pärchen suchen ebenfalls ihre Jacken in dem seltsam verwickelten Ballen abgelegter Garderobe.

Um meinen Entschluss, noch etwas hierzubleiben und den Rückweg auf eigene Faust anzugehen, mit etwas Sinn zu würzen, durchstreife ich Marcs neues Domizil. Auf dem Geschenktisch stapeln sich Ruhrgebietsdevotionalien: Eine Schokolade in Brikettform, ein T-Shirt mit einem Förderturm und zwei Kaffeebecher mit der Aufschrift »Ruhrpott«.

Ich frage mich, wieso es uns in früheren Jahren völlig entgangen ist, in welcher Region wir wohnten. Wir waren Essener, und die Tante kam aus Dortmund. Damals wohnte man noch in Städten, nicht im Pott oder im Ruhrgebiet.

»Hasse schon Marcs Tauben geseh'n?«

Bomber ist von den Toten auferstanden und hat sich auf die Suche nach einem bekannten Ansprechpartner gemacht.

»Musse seh'n!«, meint er und zerrt mich unternehmungslustig bis in die hinterste Ecke des Gartens. Die kleine Hütte, die ich bei meinem ersten Rundgang für eine Abstellkammer für Gartengeräte gehalten hatte, entpuppt sich als Schlafstätte von rund 30 verhalten gurrenden Tauben. Ihr murmelnder Schlummer-Sound verströmt eine selige Ruhe, die Silhouetten der geduckten Tiere haben etwas Unwirkliches.

»Is' das abgefahr'n?«, flüstert Bomber. »Marc hat die Viecher von einem Onkel geerbt. Der musste seinen Schrebergarten aufgeben, altersmäßig. Jetzt lässt Marc die Piepmätze hier Runden dreh'n, das hättste seh'n müssen! Echt abgefahr'n. Voll der Taubendompteur.«

Bomber giggelt wie blöde. Dann will er in seinem betrunkenen Übereifer Reaktionen von den schlafenden Vögeln erzwingen, indem er als Taubengeräusche gedachte Laute von sich gibt. Die Tiere werden vor allem deshalb nervös, weil er ihnen dabei zu nahe rückt. Die ersten Tauben flattern auf, ohne dabei die Stange zu verlassen.

Ich ziehe Bomber zurück und versuche, ihn von seinen kindischen Plänen abzulenken: »Was will Marc denn mit den vielen Tauben?«

»Der lässt die fliegen! Will demnächst so Wettbewerbe mitmachen – welche Taube kann am längsten und so. Die fahr'n da kilometerweit aufs Land raus und die Viecher finden dann von alleine zurück. Abgefahren, oder? Aber diese hier müssen sich erst noch an die neue Bleibe gewöhnen, sagt Marc, sonst fliegen die womöglich zum alten Schrebergarten. Momentan ficken die Viecher nur rum. Da gibt's bald ordentlich Nachwuchs. Den will Marc dann in die Ofenröhre schieben, da werden leckere Chicken Wings draus!«

Bomber kichert los, als ich schockiert gucke.

»Meinst du nicht ernst?«

»Doch! Der Marc keult alles weg, was da an Nachwuchs kommt. Hat er schon angekündigt. Der will sich auch noch Karnickel halten. Alles zum Futtern. Voll der Mörder.«

»Das bringt er doch gar nicht übers Herz.«

»Macht er ja auch nich' selbst. Die bringt er zum Metzger, muss ja professionell gemacht werden. Der will jetzt auf Selbstversorger machen – die ganz harte Tour. So wie früher. Anke fährt schon voll die Krise, sagt, die Viecher kämen ihr nicht in die Küche und dass Marc die Kinder traumatisiert damit. Aber der zieht das durch, sach ich dir. Am Ende müssen wir auf der nächsten Party die ganzen Viecher fressen.«

Ich betrachte die nunmehr noch gespenstischer erscheinenden schlafenden Vögel und schüttele den Kopf. Bomber bepisst sich vor Lachen.

———————

Eine Glaubensfrage
zum Rennpferd des Rewiehers

Welch Brennwert solch ein Rennpferd hat?
Ein ganzer Gaul macht alle satt
Jedoch hier von den Tauben
Da müssen mehr dran glauben

———————

Auf Spur an der Ruhr

Schleichwege und Stromschnellen

Als ich an der Bushaltestelle vor Marcs Haustür versuche, die Abfahrtszeit des Nachtbusses zu ergründen, schwebt mir immer noch das Bild eines Axt schwingenden Bergmanns vor Augen. Die Do-it-yourself-Attitüde ist ja bekanntermaßen ein bewährter Pfad durch die Midlife-Crisis. In dieser Region mag sie zudem dazu dienen, die Verweichlichung der männlichen Bevölkerung auszugleichen, die sich mit dem Schließen der Zechen Bahn gebrochen hat. Entweder man sucht die Flucht in die multimediale Lokalhistorie wie Bodo oder man keult Kaninchenjunge auf Baumstümpfen. Als ich mich gerade frage, wozu ich tendiere, hält neben mir ein Wagen.

»Na, kommt da noch ein Bus?«, spottet Meret. Am Steuer sitzt Maike, ebenfalls lachend.

»Habt ihr Marc in die Heia bekommen?«

»Ja, der schläft selig. Um den darf sich jetzt die Anke kümmern. Wir wollen nach Dortmund, komms'e mit?«

»Was wollt ihr denn da?«

»Maike ist bei einer Aftershow-Party im Dortmunder U eingeladen. Vielleicht kann sie uns mit reinnehmen.«

»Vielleicht?!«

»Ja, klappt wahrscheinlich nicht. Wegen Gästeliste und: Wichtig, wichtig!«

»Na, zu dritt ist es doch noch unwahrscheinlicher, dass es klappt!«

»Komms'e nu mit oder nich'?«

Wir fahren den Ruhrschnellweg entlang. Diese zu ungefähr jeder Uhrzeit verstopfte Lebensader des Potts verbindet alle wichtigen Organe des Metropolenkörpers von Duisburg bis Dortmund.

Ode an die Ruhr-Magistrale

Strahle, Magistrale, strahle!
Die du döst von DU nach DO
Durch die Stillstand-Areale
Die da dein sind, sowieso
So wie alle Pott-tenziale
Strahle, Magistrale, strahle!

Die hiesigen Verkehrsplaner sind perfekt darin, auch in tiefster Nacht oder am Wochenende so viele Baustellen auf der Magistrale zu platzieren, dass die wenigen Nachtschwärmer sich immer noch zu einem veritablen Stau akkumulieren.

Der durchschnittliche Pottbewohner verbringt mehr als sieben Jahre seines Lebens im Stau auf der A 40. Zumindest würden nur wenige einer solchen Einschätzung widersprechen.

Die Reihenfolge der Abfahrten ist so etwas wie das Mantra des Potts. Mülheim-Winkhausen, Bochum-Harpen oder Dortmund-Barop sind Stadtteile, die die Wenigsten je besucht haben und die dennoch tief im Bewusstsein der Massen verankert sind. Wer es auf die Ruhrschnellweg-Schilder geschafft hat, der gehört zur Legende des Ruhrgebiets.

In jungen Jahren, wenn einen noch die Sorge treibt, man könnte am besten Freitagabend der Welt vorbeischlittern, falls man diesen in der Heimatstadt verbringt, verheißt die Fahrt auf dem Ruhrschnellweg die ganz große Freiheit.

So bricht man spätabends mit der bereits am Mittag zusammentelefonierten drei- bis vierköpfigen Autofracht Partywilliger auf, um in Dortmund den ungemein angesagten Club Soundso aufzusuchen. Währenddessen sind auf der Gegenfahrbahn spaßentwöhnte Dortmunder zu beobachten, die die von uns verlassene Stadt als vermeintliches Nightfever-Eldorado ansteuern. Eine

Win-Win-Situation, die mehr Spaß als Sinn macht. Wer einen Wagen besitzt und sich zudem erbarmt, bei der Getränkewahl den Abend über Maß zu halten, ist nie allein. Freilich hat er auch zum Ende der Nacht die Aufgabe, drei bis vier schlafbedürftige Passagiere durch den Pott zu chauffieren. Hierbei ist es von Vorteil, wenn man den Level der guten Laune imitieren kann, mit dem der Abend gestartet ist. Mit albernen Gesprächen lässt sich dann oft vermeiden, dass einem sämtliche Fahrzeuginsassen im Lichterwechsel der Autobahnfahrt wegdämmern. Maike beherrscht das gut, und Meret dankt es ihr. Nur ich bin verdächtig schweigsam.

»Hallo, da hinten! Schon eingeschlafen?«, neckt Meret gen Heck.

»Nein, nein, bin noch da. Macht mich nur irgendwie melancholisch, unsere alte Partystrecke …«

»Seid ihr früher auch immer ins Aratta nach Moers gefahren?«

»Klar! Und freitags ins Old Daddy nach Duisburg.«

»Nee, Freitag war das Point One Pflicht. Das war so cool. Aber wo war das noch mal?«

»Hemer. Irgendwo vorm Sauerland. Trotzdem war da der halbe Pott.«

»Man war schon ganz schön bekloppt …!«

Die Kriegsgeschichten unserer Jugend klingen wie die einer in die tiefste Provinz verbannten Dorfjugend. Wieso fährt man von Essen nach Dortmund oder noch weiter, um Läden aufzusuchen, die es in ähnlicher Form auch vor der eigenen Haustür gibt? Vom oft zum Vergleich herangezogenen Berlin ist mir nicht bekannt, dass jemand gen Dahlem oder Erkner tingelt, um sein Nachtleben aufzupimpen. Da ist einem die nächstgelegene Lokalität doch noch immer die liebste. Weil man im Vertrauen lebt, dass es kaum cooler oder ereignisreicher wird, nur weil man sein Viertel verlässt. Man verbringt einfach mehr Zeit im Club als im Auto. Im Ruhrgebiet würde man sich den Vorwurf einhandeln, zu unbeweglich zu sein und die Verheißungen des Nachtlebens zu verpassen. Aber vielleicht ist es auch einfach nur die stille Sehnsucht nach ein paar Stunden auf dem Ruhrschnellweg. Den gibt es in Berlin schließlich nicht.

Für die anderen ist es einfach nur eine Schnellstaße …

… für den Ruhri ist es der längste Parkplatz der Welt. Der Ruhrschnellweg besteht aus dem Teilstück der A40 von Duisburg bis Dortmund und der B1 im Dortmunder Stadtgebiet. Es ist der Leidensweg vieler. Mit abschnittsweise mehr als 100.000 Fahrzeugen am Tag zählt die Straße bundesweit zu den Strecken mit dem höchsten Verkehrsaufkommen. In den Stoßzeiten kommt es regelmäßig zu Staus, Staus, Staus. »Ruhrschleichweg!«, schimpft der Volksmund hinterm Lenkrad und reiht sich doch jeden Morgen in den stockenden Verkehr ein. Den anderen geht es ja auch nicht besser.

Vom Mittelstreifen bekunden die Benutzer des öffentlichen Nahverkehrs ihre Solidarität, denn, ja, auf einigen Streckenabschnitten fahren dort Spurbusse und U-Bahnen, liegen Haltestellen inmitten von Lärm und Abgasnebel. Im Gebiet der Dortmunder Innenstadt kann der Ruhrschnellweg sogar an Ampeln überquert werden, und erst 1967 wurden die Radwege an den Rändern der Autobahn entfernt. Die direkte Nachbarschaft von Mensch und Autobahn führte zu einem besonderen Verhältnis zwischen den Pottbewohnern und ihrem Ruhrschnellweg. Flüsterasphalt und farbige Lärmschutzwände wollen das Zusammenleben erträglicher gestalten, lokale Bands nennen sich nach der Straße, und am 18. Juli 2010 sperrte man kurzerhand 60 Kilometer der Autobahn, um sie in der Aktion *Still-Leben Ruhrschnellweg* kulturell zu bespielen. An rund 20.000 Ständen präsentierten kulturelle Einrichtungen, Künstler und Vereine ihre Arbeiten auf der Straße. Und während auf der einen Fahrbahn gefeiert wurde, nutzten Radfahrer und Inlineskater die Gegenrichtung als Mobilitätsspur. Einen Tag lang konnte der Moloch Autobahn von jedem zurückerobert werden. Wenig später stand man dann an gleicher Stelle wieder im Stau.

Zukunft schreibt man jetzt mit U

Das Projekt Dortmund

Vor der Tür zur vermeintlichen Aftershow-Party werden wir brüsk abgewiesen. Es sei eine Gala, für die auch eingeladene Gäste vorab eine Spende an die Stiftung Jugend tanzt hätten überweisen müssen, um Zutritt zu erhalten. Der Blick an den Empfangsdamen vorbei in die Räumlichkeiten der Festivität lässt zudem eine eklatante Deplatziertheit unserer Garderobe vermuten. Aber egal, die umrahmenden Räumlichkeiten des Dortmunder U haben mich bereits entschädigt und sprachlos gemacht. Im Eingangsbereich durchbricht die Kunstvertikale sieben Stockwerke und sorgt für ein Raumgefühl der Demut. Mit der Eröffnung dieser gewaltigen Stätte ist Dortmund auf die Überholspur eingeschwenkt. Eines der jüngsten Highlights des wiedererwachten Metropolenstrebens, welches alle anderen Ambitionen noch zu überstrahlen versucht. Man huldigt den neuen Medien, bietet fulminante Medienkunst dar und versucht sich als Kreativschmiede der Metropole Ruhr. Selbstbewusst macht uns die Stadt ein X für ein U vor. Mit Blattgold überzogen.

———————

Willkommen in der Schlüsselwirtschaft!

Nach Dortmund gekommen
In U-Haft genommen
Mein Richter soll Designer sein
Nun büße ich von früh bis spät
Verdammt zur Kreativität
Ich armes Multimedia-Schwein!

———————

Dortmunder U und Umgebung

Die Hälfte der Stadt bestehe aus Park- und Grünanlagen, behauptet eine Broschüre des Dortmunder Stadtmarketings. Mit ähnlichen Beschreibungen hat sich die Stadt schon in früheren Jahren vom schmuddeligen Pott in Richtung Westfalen absetzen wollen. Doch mittlerweile hat man seine Schwerpunkte neu gesetzt und ist folgerichtig zur Premium-Metropole des Potts aufgestiegen. Schon immer drehte sich ein U auf dem Dach der Westfalenhalle, heute dreht sich alles um das Dortmunder U. Das Kellerhochhaus der ehemaligen Union-Brauerei wurde seit seiner Öffnung im Mai 2010 (damals allerdings erst zu 40 Prozent fertiggestellt) zum neuen Wahrzeichen der Stadt und fungiert als Impulsgeber und Zentrum für Innovation, Kunst und Kreativität. Neben hehren Zielen beherbergt das Gebäude auf zwei Etagen die sehenswerte Sammlung des Museums am Ostwall mit Fluxus-Arbeiten der 1960er-Jahre und Werken zeitgenössischer Kunst. Entlang der Rheinischen Straße soll sich von dem Gebäude aus ein neues Stadtquartier der Kreativwirtschaft entwickeln, das über eine überdachte Piazza zu erreichen sein wird. Der Hartware MedienKunstVerein möchte aus der dritten Etage heraus interdisziplinäre Netzwerke schaffen, ein Archiv der Zukunft soll im Hause entstehen und pädagogische Innovationen vorantreiben sowie die Schulentwicklung fördern. Ob solcher hochtrabender Namen schüttelt es einen natürlich, aber die *Fliegenden Bilder* von Adolf Winkelmann bleiben trotzdem große Klasse. LED-Bildschirme zeigen vom oberen Teil der Außenfassade Video-Projektionen, die je an Tag und Stunde angepasst sein sollen.

Die Videos und das mit Blattgold aufgemotzte U sind weithin sichtbar und strahlen auch auf die Dortmunder Innenstadt ab, die die Wandelbereitschaft ganz gemächlich aufgreift. Das Zentrum der Stadt wurde im Zweiten Weltkrieg zu 98 Prozent zerstört. Die Nachkriegsarchitektur, der Geldnot, Eile und Ideenlosigkeit verpflichtet, hat Dortmund den Rest gegeben – nicht die allerbesten Grundvoraussetzungen, um sich dem Ziel Attraktivität zu verschreiben.

Doch hinter den weitestgehend charmefreien Fassaden tut sich etwas. Neue Cafés, Clubs und Kneipen siedeln sich innerhalb des Walls an, und auch die Geschäftsstraßen hübschen ihr Angebot auf – angefangen von der »Boulevard« getauften Kampstraße bis hin zur ehemaligen »Rue de Pommes Frites« im Brückstraßenviertel.

Außerdem hat Dortmund auch in Sachen Industriekultur aufgerüstet. Neben dem Dortmunder U beeindruckt die bereits 1969 zum ersten großindustriellen Denkmal Deutschlands erkorene Zeche Zollern. Dieser Pionier der Industriekultur wurde 1885 als Prestigebau zu einer schlossähnlichen Anlage mit Jugendstilportal, Zwiebeltürmchen und Backsteingotik ausgebaut und beherbergt heute ein Museum zur Bergbauarbeit.

Neu im Reigen sind die »verbotenen Städte« der Kokerei Hansa und der Hermannshütte, bei denen das Konzept der postmontanen Landschaften gänzlich unterschiedlich verfolgt wird. Die erst 1992 erloschene Hochofenbatterie der Kokerei Hansa wird als begehbare Großskulptur inszeniert, deren weites Terrain der Natur überlassen wurde. So lässt sich zwischen imposanten Türmen und meterdicken Rohren der Erlebnispfad Natur und Technik im satten Grün abschreiten. Im alten Turbokompressorengebäude bezog die größte Kletterhalle Nordrhein-Westfalens Quartier, andere Hallen wurden für Ausstellungen und Konzerte nutzbar gemacht. Auf dem Gelände der Hermannshütte, die nach ihrem Abbau zum Teil gen China verschifft wurde, erstreckt sich nunmehr der künstlich angelegte Phoenix-See. Dort wird ein Wohn-, Gewerbe- und Naherholungsgebiet mit einer 3,2 Kilometer langen Uferpromenade nebst Yachthafen und »Kulturinsel« entstehen. 2005 wurde mit dem Aushub des Sees begonnen, seit Oktober 2010 dümpelt das Wasser der Emscher über 24 Hektar freigeschaufelte Fläche. Ein wahnwitziges Projekt, das sich nicht zuletzt als Standort für Nanotechnologie und Software-Schmieden bewähren soll.

Während Dortmund also zielsicher zum Höhenflug ansetzt, kann gleich nebenan auf dem Hochofen 5 des Phoenix-West-Areals die eigene Schwindelfreiheit überprüft werden. Dort führt ein 350 Meter langer Steg über die alten Gasleitungen – der Skywalk in 22 Metern Höhe. Wo früher das hochgiftige Gichtgas aus den Hochöfen in Richtung Gebläsehalle geleitet wurde, kann nun unbedenklich Hörder Höhenluft geschnuppert werden.

Wir strolchen noch eine Weile durch die zugänglichen Etagen und Gänge des U, dann hat sich der Sinn unserer Anwesenheit erschöpft. Meret macht den Vorschlag, in der nahen Dortmunder Innenstadt nach einer Einkehrmöglichkeit zu suchen, wo wir doch schon einmal da wären, sie habe Durst. Und tanzen, etwas tanzen wäre doch auch noch gut.

Als wir jedoch den erstbesten Nachtschwärmer nach dem einzigen Club fragen, auf dessen Namen sich unsere Erinnerungen einigen können, erhalten wir zur Antwort: »Der ist doch schon seit Jahren dicht!«

Anschließend gibt uns unser Informant eine umfassende Bestandsanalyse der Dortmunder Clublandschaft nebst zusätzlichen und tagesaktuellen Hinweisen wie: »Da läuft heute Streetstyle von 'nem Soundsystem.« Oder: »Da kann man heute aber nicht vor zwei Uhr hin.« Anderswo koste es am Wochenende zu viel Eintritt oder sei es schlichtweg zu voll, außerdem lege der DJ da manchmal recht ballermannmäßigen House auf. Wir fühlen uns überinformiert und ratlos. Meret plädiert für den Ballermannladen, aber Maike und ich sind uns sicher, dass wir da keinesfalls gut aufgehoben sein würden.

»Och, jetzt aber nicht so'n coolen Laden!«, beschwert sich Meret. »Berlin kannste zu Hause haben. Ich will noch'n bisschen lustig sein!«

Ihr Ausruf findet ein wohlgefälliges Echo in dem Gegröle von vier BVB-Fans, die sich aus einer Kellerkneipe hervorgeschält haben: »Komm hier, Mädel, bei uns is' lustich!«

Maike und ich folgen widerstrebend der begeisterten Meret, und während die breit grinst, können wir nur fassungslos den Kopf schütteln. Die vier Jungs in ihren unterschiedlich ausstaffierten Fan-Kluften begrüßen uns lauthals und laden zu einer Runde Kümmerling ein. Sie scheinen einen riesigen, munter klirrenden Vorrat kleiner Fläschchen in ihren Westentaschen verborgen zu haben.

»Nich' lang schnacken, Kopp in'n Nacken!«

Maike schiebt mir mit auffordernden Blick ihr nur vorgetäuscht entleertes Fläschchen rüber.

Meret bemerkt es und protestiert lauthals: »Nee, dat gildet nich'! Ein'n musst du schon mittrinken!«

Die Jungs pflichten ihr bei. Mir bangt um die Fahrtüchtigkeit meiner Chauffeurin. Überhastet leere ich Maikes Fläschchen und versuche mich rauszureden: »Auf Susi Zorc!«

Das wirkt. Die vier grölen und leeren ebenfalls ein zweites Pülleken auf Susi Zorc. Damit ist die Verbrüderung abgeschlossen und der weitere Verlauf des Abends vorbestimmt …

Pottpersönchen – eine Auswahl

Tipp: Bringen Sie ab und an den Namen einer Berühmtheit aus dem Pott ins Gespräch! Fast jede stockende Konversation lässt sich dadurch in Gang bringen, wenn irgendjemand in der Runde eine persönliche Anekdote mit der betreffenden Person zum Besten geben kann (zumindest aus dritter Hand). Die Ruhrpersönlichkeiten sind mit den Lebensläufen der Bewohner derart eng verwoben, als wäre man im selben Dorf aufgewachsen. Ob man jedoch diesen Dönekes Glauben schenken sollte, sei dahingestellt. Lassen Sie sich einfach unterhalten! Hier ein paar Einstiegshilfen:

1. Claire Waldoff (1884–1957) – Gelsenkirchener Export, wurde als Chansonette und vieles mehr zum Berliner Markenartikel.

2. Karl Albrecht (* 1920) und Theo Albrecht (1922–2010) – die Aldi-Brüder aus Essen-Schonnebeck, mit Billig reich geworden.

3. Heinz Schubert (1925–1999) – »Ekel« Alfred Tetzlaff aus *Ein Herz und eine Seele*, als Comedy noch lustig war.

4. Tana Schanzara (1925–2008) – die knarzend-harzige Mutter des Bochumer Theaters mit Herz und Seele sowie einem unnachahmlich tiefgehenden Ruhrpottslang.

5. Otto Rehhagel (* 1938) – Altenessener EM-Guru und Modern-spielt-wer-gewinnt-Blockwart.

6. Helge Schneider (* 1955) – die singende Herrentorte aus Mülheim hat früher überall geklimpert, wo ein Klavier zum Kneipeninventar zählte.

7. Christoph Schlingensief (1960–2010) – unbeugsames Enfant terrible aus dem beschaulichen Mülheim, Theaterregisseur und Filmregisseur und Autor und, und …

8. Phillip Boa (* 1963) – Indie-Musik-Act aus Dortmund, der als Erster – Skandal! – bei einem Major-Plattenlabel unterschrieb.

9. Die Kassierer (Gründung 1985) – nie waren Songtexte dreckiger als im Pottpunk, und dies sind die Pioniere.

10. WM-Orakel Paul Krake (2008–2010) – Beweis dafür, dass der Pott alles zur Sensation machen kann.

Die vier BVB-Fans stammen aus Gelsenkirchen und folgen seit einigen Jahren der Tradition, den Vorabend des Lokalderbys BVB gegen Schalke in Dortmund zu verbringen und sich dort in einem Hostel einzuquartieren. Das bewahre sie davor, sich am Samstagvormittag in BVB-Kluft auf dem Gelsenkirchener Hauptbahnhof blicken lassen zu müssen.

»Aber ihr seid in der falschen Stadt, Jungs!? Das Spiel ist doch morgen auf Schalke!«, gebe ich zu bedenken.

Ich erinnere mich, dass die Anhänger vom Fußballclub Gelsenkirchen-Schalke 04 e.V. und joviale Sportreporter immer von »auf Schalke« sprechen, wenn sie »in Gelsenkirchen« meinen. Weniger sicher bin ich mir, ob Anhänger des BVB die Verwendung dieses Ausdrucks bereits als Symptom unterschwelliger Zuneigung zum Erzrivalen brandmarken. Ich habe während meiner aktiven Pottzeit mit meinen Sympathien immer etwas zwischen den Stühlen gesessen, sowohl RWE wie auch Schalke 04 die Daumen gedrückt und außerdem noch die Duisburger Zebras (auch die vom Fußballplatz) gemocht. In der Regel biss sich das nicht, da diese Mannschaften in meiner Jugend munter durch die Ligen taumelten, ohne allzu oft direkt aufeinanderzutreffen und sich um meine graduelle Gewogenheit duellieren zu müssen. Aber wer zwei derart verfeindete Vereine wie Schalke 04 und Rot-Weiss Essen gleichzeitig akzeptabel findet, lebt im Pott mit dem Gefühl, sowohl Cowboy als auch Indianer sein zu wollen. Höchst schizophren.

Eindeutiger ist dagegen meine Erinnerung an eine Überschrift in der gestrigen Ausgabe der Ruhrgebiets-*Prawda*, der *Westdeutschen Allgemeinen Zeitung*, die vermeldete, dass die Gelsenkirchener Polizei in diesem Jahr für das Derby gut gerüstet sei. So ein Derby ist für eine Regionalzeitung kein Thema, bei dem man es bei der Nachberichterstattung belassen würde. Das geistert einen halben Monat lang durch alle Ressorts. Aber es bleibt dabei: »Da seid ihr hier in Dortmund aber schlecht aufgehoben!«

»Nö!«, entgegnen mir die vier, Karten hätten sie sich eh nicht besorgt, weil auf Schalke das falsche Bier ausgeschenkt würde. »Krisse do' die Krätze von!«

Und außerdem: Sollte die Borussia Schalke morgen besiegen, wäre auf dem Borsigplatz ohnehin mehr los als vor Ort am Stadion. Und wenn Schalke gewinnen sollte, tja, dann würde dort so viel Hohn und Spott über einen BVB-Fan niedergehen, dass man beim besten Willen nicht daheim bleiben könne.

»Versteh' ich euch voll!«, unterstützt Meret mitsamt ihrer guten Laune das Vorhaben der Jungs. Ich bin mit meinem Verständnis da noch nicht ganz so weit …

Das Derby – hier ist unser Revier!

Hart umkämpft und doch von harmonischer Ausgewogenheit – so stellt sich das Aufeinandertreffen der beiden Pottdiven Borussia Dortmund und Schalke 04 dar. Von den 82 Bundesliga-Partien bis zur Saison 2012/13 endeten 24 mit einem Unentschieden. 29-mal siegten die Schalker Knappen, 29 mal der BVB. Im Grunde genommen ist also gar nichts geschehen. Und doch erregt dieser Klassiker Tausende Fan-Seelen, lässt Emotionen hochkochen, entlockt Flüche und Stoßgebete. Mal lederten die Borussen S04 mit 7:0 ab (am 26. Februar 1966), mal konterten die Schalker mit einem 6:1 (10. Dezember 1985). Oder man einigte sich nach kartenreicher Aufholjagd auf ein 3:3 (10. Februar 2008). Oft musste sich der vermeintliche Favorit geschlagen geben, ein Spieler früher den Rasen verlassen. In den letzten Jahren entführte häufiger die Mannschaft der Gäste die drei Punkte. Das bietet Futter für dramatisch wallende Gefühle. Und davon gibt es dann auch reichlich.

Nu is' aber Feierabend hier!

Ausgehen im Pott

Die Jungs fordern uns auf, mit ihnen in die Kneipe zu kommen, aus der sie vorhin hervorgekrochen sind. Die Musik, die von dort im Takt der sich öffnenden Tür herausschallt, will mir das Gegenteil anraten. Ein Bouquet von Schlager-Leichen, aufgepimpt mit Stampfrhythmen. Das Schmieröl des Discofox. Meret aber ist begeistert: »Kommt – ist doch lustig!«

Es werden Maximalrationen guten Willens vonnöten sein. Maike seufzt. Und tatsächlich begegnet uns unten die Hölle. »Hölle, Hölle, Hölle!«, bestätigt die tanzende Belegschaft mit lautem Grölen. Zumindest haben wir unseren Plan, keinen übermäßig coolen Laden aufzusuchen, bestmöglich erfüllt.

Geh aus, mein Herz,
und suche Freud!

Natürlich späht man auch im Ruhrgebiet nach den aktuellen Joggingstrecken des Zeitgeists. Zu jeder Zeit gab es hippe Clubs im Schoße des Potts, bei denen man sich gewiss war, dass sich Hamburg, Berlin und München danach die Finger lecken würden. Tanzstätten wie das Logo, die Rote Liebe oder das Raskalnikov tauchten regelmäßig als Lieblingsclubs in den Jahrespolls der Szenemagazine auf. Randtanzsportarten von Gothic bis Rockabilly hatten stets ihre Reviere im Revier, alle Spielarten des Metals sind willkommen, wenn man unter sich bleibt. Nachdem die Clubszene jahrelang von einer verlässlichen Beständigkeit geprägt war, mischen sich nunmehr die Läden und Betreiber eine Spur flotter durch, verstaubte Institutionen der Ausgehkultur verschwinden und geben den Weg frei für den Strukturwandel in den Partyschächten. Eine eher unprätentiöse Türpolitik sowie günstige Getränke- und Eintrittspreise bleiben aber wohl noch eine Weile erhalten.

Noch unprätentiöser und günstiger geht es auf den Tanzflächen der freien Kulturträger zu, die sich bereits in verlassenen Industriegebäuden niedergelassen haben, als das Wort »Strukturwandel« noch gar nicht erfunden war. Die Zeche Carl in Altenessen, die Gelsenkirchener Kaue und das Zentrum Altenberg in Oberhausen rückten bei Partygängern die industrielle Vergangenheit schon weit vor den 90ern ins Bewusstsein. Der nachrückenden Nachtschwärmergeneration fehlt zunehmend das Verständnis dafür, warum ihre Diskothek von Sozialarbeitern geleitet werden sollte – daher gehen diese einstmaligen Hotspots dazu über, ihre Partymotti von Ü30 auf Ü40 aufzustocken.

Da sich aber auch nichts so schnell wandelt wie der Leumund eines Clubs, gehen wir mit unserem Ausgehtipp gleich noch ein paar Etagen tiefer in die Niederungen der Coolness. Mit dem Vorteil, dass das beschriebene Etablissement noch die Staubwerdung dieser Seiten überleben dürfte. Die Drehscheibe in Essen-Rüttenscheid wird vom Impresario René Pascal *(www.schlagergott-essen.de)* mit einer bis ins Detail reichenden Hingabe betrieben. Eine monogame Liebe, die dem deutschen Schlager gilt – gerne auch in seinen schmerzvollsten Ausprägungen. Aber wenn der Wirt, DJ und Conférencier den Schwof anheizt, fühlt man sich an diesem Ort wie aus der Welt gefallen. Hierfür hätte die Vokabel »Kult« reserviert bleiben müssen. Mancher tanzt mit der Inbrunst des Fans, mancher mit ironischem Augenzwinkern – einen denkwürdigen Abend erleben alle.

Drehscheibe
Alfredstraße 21, 45130 Essen-Rüttenscheid

Meret hat bereits die Tanzfläche erobert.

»Kann ich dir was zu trinken mitbringen?«, frage ich Maike, um Ausgleich bemüht. Ich merke, wie es in ihr brodelt.

»Wollen wir hier wirklich bleiben?«

»Nun …«, ich schaue ratlos gen Tanzfläche und be-merke, dass sich Meret einen der BVB-Schals umgebun-den hat.

Die vier Jungs balgen sich darum, Meret mit unge-lenken Tanzschritten zu umgarnen, und Connie Francis intoniert dazu *Die Liebe ist ein seltsames Spiel.* In unge-wohnt aufdringlicher Rhythmus-Begleitung. »Sieht aus, als wenn sich Meret auf einen längeren Aufenthalt ein-richtet.«

»Dann bring mir einen Tee, schwarz.«

Keine Bestellung, die man allzu gern an der Theke einer solchen Kneipe abgibt, aber für Maike hätte ich sogar nach einem lactosefreien Himbeermilchshake ge-fragt. Sie umweht nun einmal die Aura eines früheren Schwarms – ein Gefühl, das allmählich wieder Fahrt aufnimmt. Und als unsere Fahrerin tut sie mir auch ein bisschen leid.

Der Barmann stellt sich irrsinnig blöd an und scheint einen persönlichen Rekord aufstellen zu wollen, was dumme Nachfragen angeht.

»Einen Tee, einen ganz normalen Tee«, muss ich im-mer wieder bekräftigen.

Ich erhalte ein brühend heißes Glas Wasser, bedeckt von einer Untertasse, auf der vier Zuckerstücke und ein ausgepackter Teebeutel liegen.

Doch wie soll ich die heiße Fracht durch die tanzende Menge bis an Maikes Platz transportieren? Unschlüssig schaue ich auf.

»Stimmt was nicht?«, fragt der Barmann.

»Is’ heiß. Das Glas ist sehr heiß.«

»Der Tee ist heiß. Und Tee muss heiß sein. Oder hab’ ich da was verpasst?«

»Aber so kann man ihn nicht tragen!«

Der Kerl schaut mich schwer genervt an. Er pfeffert sein Trockentuch auf die Ablage der Spüle, schlendert um die Theke herum und krallt sich das Glas. »Für Teetrinker gibt’s heute Bedienung am Tisch – wo soll’s denn hingehen?«

Er scheint keinerlei Schmerz zu empfinden oder überspielt die Sache mit beeindruckender Souveränität. Ich nicke gen Eingang, wo Maike einen Tisch erobert und einen Platz für mich mit ihrer Jacke reserviert hat.

»So, einen Tee für die Dame! Wohl bekomm’s!«, kredenzt der Barmann das Glas. Der Tonfall lässt Maike verständnislos aufblicken. Ich zucke mit den Schultern und sage kurz: »Danke.«

»Und der Herr ist sich sicher, dass er nicht auch einen Tee möchte? Oder einen Kakao? Ist grad Happy Hour für Heißgetränke, Lieferung frei Haus!«

Maike lacht blöd, was mir das Gefühl der Erniedrigung noch leidlicher macht.

Meret will uns zu sich auf die Tanzfläche winken. Maike zeigt ihr einen Vogel. Ich schüttele lächelnd den Kopf.

»Gleich hat sie einen von den Typen an der Backe. Und morgen wird wieder geheult: ›Wieso mach’ ich immer so eine Scheiße, Maike? Warum hast du mich nicht davon abgehalten?‹ Ich kann’s nicht mehr hören …«

Der Hitmix-DJ serviert der brodelnden Masse die ersten Takte von *Tanze Samba mit mir*. Die Tänzer begrüßen den rasch erkannten Track mit ausgiebigem Johlen. Am lautesten johlt Meret.

Missverständnisse
der Wirt-Gast-Kommunikation

»Nu is' Feierabend hier!«
»Na okay, dann feiern wir!«

Plötzlich stürmt Maike zur Tanzfläche, zerrt Meret Richtung Damen-WC und kehrt fünf Minuten später mit rigorosem Schritt zurück: »Komm, wir zischen ab!«

Meret schleicht nun ebenfalls zurück in den Saal und wird begeistert vom BVB-Clan empfangen.

»Ich kümmere mich einfach viel zu sehr um so was!«, erklärt mir Maike draußen. »Meret ist alt genug, um zu wissen, was sie tut.«

Wortlos trotte ich ihr hinterher. Mir kommt erneut der Gedanke, etwas zum letzten Cure-Album loszuwerden.

»Du musst nach Wattenscheid, oder wie?«

»Ich bin in Thomas' Pension untergebracht. Ist gleich hinterm Hauptbahnhof.«

»Hauptbahnhof Wattenscheid?«, fragt sie mit verbitterter Miene, als litte sie plötzlich sehr unter meinem Versprecher. »Sorry, aber manchmal habe ich diese ganze Ruhrgebietsmischpoke so satt.«

Ich griene blöd.

»Is' so. Hab' schließlich lange genug dieses Kulturstandort-Gebrabbel bei mir zu Hause gehabt. Von wegen Metropole Ruhr und die große Ruhr-Carta. Bodo ist den ganzen Tag rumgehopst wie ein indoktriniertes Kamerakind. Is' doch fast wie 'ne Sekte, der Verein. Soll man ma' nich' vergessen, dass das Ganze als ABM gestartet ist. Plötzlich fühlt sich da jeder, als wäre er in Hollywood aus dem Ei geschlüpft.«

Diese pöttische Lust an der Selbstkasteiung ist ein Unikum. Kaum, dass man sich über die Befangenheit alter Stereotype hinauslehnt, schlägt man sich selbst auf die Finger. In München würde man solchen Medienprojekten als Start-Ups eine goldene Zukunft prophezeien, in Hamburg hätten sie das Prestige der Selbstentfaltung und in Berlin wären sie schlichtweg Kunst. Unhinterfragt. Nur hier schlägt man sich mit der Ahnung herum, dass das ganze Neue Medien-Gedudele lediglich reine Beschäftigungstherapie sein könnte. Dabei ist doch die komplette Stadtplanung auf die Verheißungen der Medienindustrie ausgerichtet.

»Ich find's nach wie vor cool, wie sich das Ruhrgebiet entwickelt. Ist doch sympathisch!«

»Ja, ja – sympathisch. Frag mich, wie lange die sich ihr Elend noch schönreden wollen …«

Wir schweigen einige Abfahrten lang.

»Hast du noch Kontakt zu Mike?«, stottere ich in das immer beklommener werdende Schweigen.

Ich erinnere mich, dass es Mike war, der den von mir an der Heimlichen Liebe verlorenen Staffelstab aufgegriffen hat und Maikes Macker geworden war. Mike und Maike – das klang so doof, dass es hängen geblieben ist.

»Der ist vermutlich immer noch DJ in dem Club, in dem seine gerade favorisierte Droge kursiert. Wir gehen uns seit der Scheidung aus dem Weg.«

»Ach, mit dem warst du auch …?«

»Mike war die Nummer Eins, Bodo Numero Zwo.«

»Auch fast wie in Hollywood …«

»Ja, ein Kamerakind und ein verdrogter Partytiger. Da hätte ich auch nach Berlin gehen können … Vielleicht wäre ja alles ganz anders verlaufen, wenn du mir damals keinen Korb gegeben hättest.«

»Ich … ich hab' dir niemals einen Korb gegeben!«

»Na ja – zumindest hast du mich auf der Mondscheinwiese ziemlich kühl abblitzen lassen.«

»An dem Abend war ich einfach nur zu schüchtern!«

»Ach was! Das war schon eine ziemlich deutliche Abfuhr.«

Wieso überhaupt Mondscheinwiese? »Das war übrigens auf der Isenburg, der Abend. Bin ich gestern noch dran vorbeispaziert.«

»Siehst du? Du hast sogar vergessen, wo du mir den Korb verpasst hast!«

»Ganz im Gegenteil! Aber ich bin mir total sicher, dass wir an der …«

»Na, werd' mal nicht uncharmant! Du zerstörst mir noch den letzten Hauch an Selbstbewusstsein.«

Wir passieren die Ausfahrt Bochum-Wattenscheid-West.

»Hätten wir da nicht rausgemusst?«, frage ich.

Zu Besuch bei den Krupps

Zwischen Villa Hügel und Friedhof

20 Minuten später sitzen wir in Essen-Bredeney auf der Mondscheinwiese vor der Villa Hügel. Caspar David Friedrich hat diesen Ausblick einmal einen der überwältigendsten Plätze unseres Planeten genannt. Könnte zumindest in etwa hinkommen. Unter uns funkelt die braune Brühe des Baldeneysees, über uns die Sterne, von deren Anblick uns nur die ewig milchige Dunsthaube der hiesigen Klimazone trennt. Nächtliche Kühle mischt sich in den lauen Wind – für diese Uhrzeit ist sie ein bisschen spät dran. Vom Ostufer schleicht sich bereits die Dämmerung an.

»So! Erinnerst du dich jetzt, dass wir damals hier gesessen haben?«

»Ja«, lüge ich, »du hast recht.«

»Was wäre aus uns wohl geworden, wenn du dich in dieser Nacht nicht gegen mich entschieden hättest?«

Nun, was hätte nicht alles anders verlaufen können, wenn sich irgendwer irgendwann anders entschieden hätte? Wie hätte sich all das hier wohl entwickelt, wenn sich Herr Krupp Senior auf die Rinderzucht spezialisiert hätte und die Dicke Bertha nicht mehr gewesen wäre als eine Rekordmengen produzierende Erfolgskuh?

»Ich habe mein halbes Leben lang meine Schüchternheit in dieser Nacht verflucht. Ehrlich.«

»Und – hast du sie mittlerweile überwunden? Deine Schüchternheit?«

Nein. Die Einladung, die in dem säuselnden Ton ihrer Worte mitschwingt, überfordert mich. Wir könnten jetzt zwei 16-Jährigen unter die Arme greifen, ihnen mit der zwischenzeitlich gewonnenen Erfahrung die Scheu vor dem nächsten Schritt nehmen. Aber es ist zu spät für ein Comeback. The Cure würden dies bestätigen. Auch Maike scheint das zu verstehen und die Erkenntnis macht uns beide traurig und schweigsam.

Vor uns blinzelt der Protz des profan-pompösen Anwesens zwischen den Bäumen hervor.

Die Villa Hügel

Mit 269 Räumen ist das ehemalige Wohn- und Repräsentationshaus der Familie Krupp per se kein unaufdringliches Gebäude. In der Eingangshalle der Villa Hügel begrüßt den Besucher ein mächtiges Familienportrait und verstärkt die bedrückende Stimmung des Gebäudes. Gemütlich ist anders. Doch hier war bis zum Ende des Zweiten Weltkriegs die Heimstatt einer durch Disziplin gedrillten Familiendynastie, die das zeitweise größte Unternehmen Europas aufbaute. Der Erfolg und die Größe der Friedrich Krupp AG zur Zeit der Hochindustrialisierung waren schier unermesslich – und speziell auf dem Essener Stadtgebiet allgegenwärtig. Fast ein Drittel der gesamten Stadtfläche gehörte zum Firmengelände.

Die 1873 errichtete Villa Hügel gab einen würdigen Rahmen für Empfänge und Festlichkeiten. Kaiser und Könige, lokale Politiker und Regierungschefs vieler Nationen logierten auf dem Anwesen der Krupps, vor allem aber Vertreter des Militärs. Für den Hügelpark ließ Bauherr Alfred Krupp bereits ausgewachsene Bäume aus den umliegenden Städten herbeischaffen und als Ganzes einpflanzen. So war die Villa schon 1883 von einem großzügigen Park und dichtem Wald umgeben – und noch immer sind einige Bäume älter als die Anlage selbst. Nach dem Tod Alfred Krupps wurde der Park zunehmend mit seltenen und kostbaren Exoten bestückt. Eine Sammlung, die dem Muff neureicher Vulgarität eine florale Weltgewandtheit entgegensetzen sollte.

Seit der Stauung des Baldeneysees im Jahr 1933 thront die Villa Hügel noch etwas majestätischer über dem Ruhrtal. Die Zustimmung, benötigte Grundstücke für den See zur Verfügung zu stellen, machte Gustav Krupp von Bohlen und Halbach von der Bedingung abhängig, den See von der Villa Hügel aus sehen zu können.

Heute ist die Villa Hügel Eigentum und Sitz der Alfried Krupp von Bohlen und Halbach-Stiftung. Unter der Leitung der Kulturstiftung Ruhr finden dort regelmäßig Veranstaltungen wie Konzerte oder Ausstellungen statt. Einige Wohnräume der Villa Hügel und die historische Ausstellung Krupp sowie der Hügelpark können gegen einen geringen Eintritt besichtigt werden.

Villa Hügel
Hügel 15 (ich wusste gar nicht, dass es auf dem Hügel Hausnummern gibt …), 45133 Essen
www.villahuegel.de

Maike seufzt, hakt sich bei mir unter, und wir gehen ein paar Schritte.

»Die Krupps haben ihr Ding auch in den Sand gesetzt. Was ist von deren Imperium am Ende groß übrig geblieben – außer ein paar Straßennamen?«

»Na ja: Krankenhäuser, Stiftungen, Parks, Schulen … Der komplette Essener Stadtplan besteht doch aus Einträgen, die ein ›Krupp-‹ vorangestellt haben. Essen ist Krupp-Stadt! Eigentlich gehörte denen das komplette Ruhrgebiet«, sage ich.

»Ja, aber das ganze Imperium ist aufgelöst. Der Reichtum verprasst. Alles Vergangenheit. Kein Krupp lebt noch.«

»Dafür haben sie ihr eigenes stilles Eckchen auf dem Bredeneyer Friedhof. Kennst du das?«

Der Krupp-Familienfriedhof ist einer von Thomas' Geheimtipps für die Ruhrgebietstouristen seiner Pension. Als ich die Liste durchsah, erinnerte ich mich gleich an dieses seltsam abgetrennte Areal inmitten des normalen Friedhofs, das ich mal als Kind besucht hatte, ungemein beeindruckt von den wuchtigen Adlern und Grabplatten der klotzigen Grabanlagen, von den martialischen Schriftzeichen. Obwohl aus Bronze und Marmor, schien alles an diesem Ort hart wie Kruppstahl.

Schwuppdiekrupps

Schwupps – der Krupp vom Ruhrgebiet
stillt den Wachstumsappetit
Schickt den Stahl aus seinem Stall
weltallweit ins Überall
Von der höchsten Eisenbahn
bis zum bösen Größenwahn
Unser Krupp, der tut dat wuppen
macht Tuff-Tuff und tough die Truppen
Aber nach zwei Weltkriegsrunden
kann der Krupp nur kurz gesunden
Stahl sich fort und ward vergessen
Schwuppdiwupp, der Krupp aus Essen

Maike ist beeindruckt von den Grabstätten. Sie fasst nach meinem Arm, als wir an den monumentalen und doch so einsam wirkenden Gräbern vorbeihuschen. Jedes Geräusch lässt sie zusammenzucken.

Es hat natürlich zur unheimlichen Atmosphäre beigetragen, dass wir den Weg über den Friedhofszaun wählen mussten, da wir immer noch etwas zu früh dran waren, um den Friedhof offiziell durch ein geöffnetes Tor zu betreten. Und hat es nicht etwas Stimmiges, im Rund der toten Krupps die vergangene Jugendliebe zu feiern? Für einige Minuten lassen wir dieses Bild auf uns wirken.

Alles Geschichte!
Kanonenkönig Alfred und der letzte Krupp

Die von Friedrich Krupp ab 1811 aufgebaute Krupp Gussstahlfabrik blieb zunächst noch ohne nennenswerten Erfolg, erst sein Sohn Alfred führte das Unternehmen nach dem frühen Tod des Vaters zur Weltgeltung. Begründet wurde der Aufstieg der Krupps durch ein Patent auf nahtlose, bruchgeschützte Eisenbahn-Radreifen, die ab 1853 einen neuen Standard definierten und mit denen auch die meisten nordamerikanischen Bahnen ausgestattet wurden (das Firmenwappen der ThyssenKrupp AG enthält noch heute drei überkreuzte Radreifen). Ab 1860 trug auch die Waffen- und Kanonenproduktion maßgeblich zum Wachstum des Unternehmens bei, und verbesserte Methoden zur Fertigung von Stahl forcierten die Gewinne. Durch die verstärkte Konkurrenz amerikanischen Stahls verlagerte sich das Hauptgeschäft zunehmend auf die Rüstungsindustrie.

1887 erbte Friedrich Alfred Krupp das Unternehmen, nach seinem Tod 1902 fungierte seine Ehefrau Margarethe für die minderjährige Tochter und Alleinerbin Bertha treuhänderisch als Konzernleiterin. Deren Ehemann Gustav übernahm ab 1908 die Geschäfte. Die Bedeutung der Firma als Waffenlieferant war zu jener Zeit immens – während des Ersten Weltkriegs steigerte sich die Mitarbeiterzahl von 81.000 auf 200.000 »Kruppianer«. Nach Kriegsende wurde der Firma im Vertrag von Versailles die Herstellung von Munition untersagt, die Waffenproduktion streng reglementiert.

Die zum Ausgleich vorangetriebene Entwicklung von Lokomotiven konnte einen massiven Stellenabbau nicht verhindern. Aber mit der Machtergreifung der Nationalsozialisten nahm der Konzern die Rüstungsproduktion wieder auf und erhielt den Beinamen »Waffenschmiede des Deutschen Reiches«. Mitten im Zweiten Weltkrieg übertrug Gustav Krupp von Bohlen und Halbach gesundheitsbedingt die Leitung des Unternehmens an den letzten Krupp, seinen ältesten Sohn Alfried.

1945 waren die Krupp-Werke zu zwei Dritteln zerstört, ein Großteil der noch funktionstüchtigen Anlagen wurde als Reparationszahlung ins Ausland gebracht. Der 1951 vorzeitig aus alliierter Haft entlassene Alfried Krupp von Bohlen und Halbach übernahm 1953 die Leitung des Unternehmens, und die Krupp AG wurde schon bald wieder zum führenden Stahlproduzenten. Alfrieds einziges Kind Arndt, ein Sohn aus der ersten, geschiedenen Ehe, besiegelte dann das Schicksal des Namens Krupp. Der insbesondere von seiner Großmutter abgelehnte letzte Nachfahre der Krupps ließ sich 1966 von seinem Vater und dem späteren Aufsichtsratsvorsitzenden des Krupp-Konzerns, Berthold Beitz, den Erbverzicht abringen. Da das Recht, den Familiennamen »Krupp« seinem eigenen Namen voranzustellen, dem jeweiligen Alleinunternehmer der Firma vorbehalten war, bedeutete dieser Erbverzicht auch das Aus der Krupps. Ein Jahr später starb Alfried Krupp an Krebs.

»Jetzt kann ich einen Kaffee vertragen«, murmelt Maike mir zu. Wir verlassen den Friedhof durch das inzwischen geöffnete Haupttor und treffen auf Wim und Margret, die anscheinend auch in der Geheimtippliste von Thomas geschmökert haben. Mir ist nicht nach einem Gespräch mit den beiden, aber stumm an ihnen vorbeizugehen, würde meine Gesellschaftsfähigkeit dauerhaft infrage stellen.

»Was für eine Überraschung!«, jubele ich eine Spur zu übertrieben. »Wollen Sie auch den Krupp-Friedhof besichtigen?«

»Ja«, strahlt mich Wim etwas verwundert an, »aber wir dachten, der Friedhof öffnet erst um 7:30 Uhr?!«

»Am Wochenende jetzt immer 'ne halbe Stunde früher! Steht allerdings noch nicht auf dem Schild.«

Wim betrachtet fassungslos das Schild am Eingang. Er ärgert sich überdeutlich ob der verlorenen Sightseeing-Minuten.

»Enie ist heute nicht mit dabei?«, frage ich, um das Thema nicht mit weiteren Flunkereien ausschmücken zu müssen.

»Sie ist noch müde von der Feier gestern in Oberhausen. Aber sie will unbedingt zu Ihrem Auftritt an der Zeche Nordstern kommen. Wir kommen natürlich auch!«

»Oh, schön! Tja, dann bis später …!«

Ich stolpere Maike hinterher, die bereits den Weg zu ihrem Wagen eingeschlagen hat und gedankenverloren auf ihrem Handy herumtippt.

»Hier«, sagt sie zu mir, als ich sie eingeholt habe, »schau's dir an!«

Sie streckt mir das Display entgegen. Eine SMS von Meret: »Stecke am Dortmunder Bahnhof fest. Es ist sooo furchtbar! Kannst du bitte gleich kommen? Küsschen, Meret.«

»So viel zum Kaffee!«, seufzt Maike.

»Du willst jetzt nicht allen Ernstes zurück nach Dortmund fahren?!«

»Was man nicht alles für seine beste Freundin tut …«

Ich bin beeindruckt. Maike gähnt und kommt mir damit kurz zuvor. »Komm, ich setz' dich wenigstens noch in Wattenscheid ab!«

»Du bist wirklich eine sehr, sehr gute Freundin.«

»Gut geschlafen? Wir sind da-ha!«, säuselt es in mein Ohr.

Ich schrecke hoch und bin irritiert, wie nah Maike meinem Gesicht ist. Hat sie mich etwa gerade geküsst? Ich schaue sie verwirrt an und bin etwas verlegen, weil ich neben ihr eingeschlafen bin. Maike hat mich unterdessen bis vor Thomas' Pension chauffiert.

»Is' doch hier?«, fragt sie, meine Verwunderung missdeutend. Ich nicke heftig. »Bestell Thomas 'n schönen Gruß, kann stolz sein auf seine Pension!«

Ich nicke noch einmal und komme mir vor wie ein Idiot.

»Dann sehen wir uns heute Abend bei deinem Auftritt! Und ich werde in der Zwischenzeit mal versuchen, Meret aus den Klauen ihrer Verehrer zu retten.«

»Mach's gut!«, quieke ich. Ich sollte jetzt schleunigst schlafen. Maike wendet ihren Wagen und winkt mir lässig zu.

Während ich ihr nachschaue, flötet es aus dem Fenster neben mir: »Frühstück?«

»Ah, ich glaube, ich sollte erst mal 'ne Runde pennen …«

»Dann is' zu spät für Frühstück!«, mahnt Thomas. »Komm, Enie ist auch grad runtergekommen, leiste uns Gesellschaft!«

Alles Geschichte!
Der wirklich letzte Krupp

Arndt von Bohlen und Halbach und ohne Krupp lebte von seiner Abfindung und der jährlichen Apanage von zwei Millionen Mark ein Leben in Saus und Braus – und in krassem Widerspruch zu den von seiner Familie gepflegten Werten. Der homosexuelle Paradiesvogel und allerletzte Krupp tingelte im Jetset zwischen Schloss Blühnbach in Salzburg, einem Münchner Stadtpalais und dem Märchenpalast Bled Targui in Marrakesch. Während er daheim als »reichster Frührentner Deutschlands« verhöhnt wurde, feierte der Krupp-Spross exzentrische Partys mit Andy Warhol, Prinzessin Soraya und Keith Richards. Er verkleidete und schminkte sich regelmäßig, führte eine Zweckehe mit seiner Freundin Henriette von Auersperg und baute Schulen in den Elendsvierteln von Bangkok. In Thailand wurde er dafür zum Volkshelden. Dann geriet er durch sein ausschweifendes Leben in finanzielle Schwierigkeiten. Vor seinem frühen Tod im Alter von 48 Jahren konvertierte er noch zum katholischen Glauben und ließ sich zum Ritter des Ordens vom Heiligen Kreuz zu Jerusalem schlagen – als Dank für seine Spende an die katholischen Flüchtlinge im libanesischen Bürgerkrieg. Hätte es damals bereits Zeitschriften wie *Gala* und *InStyle* gegeben – das Leben von Arndt von Bohlen und Halbach wäre wohl Thema in jeder zweiten Ausgabe gewesen. Als man ihn einmal zum Thema Arbeit befragte, antwortete er: »Das hat mir gerade noch gefehlt.«

Der Pott
im Schnelldurchlauf

Vom Duisburger Hafen
zum Wissenschaftspark Gelsenkirchen

Also dann: Frühstück. Ich beuge mich Thomas' Überredungskünsten und lasse mich ächzend neben der schelmisch grinsenden Enie auf einen Stuhl fallen.

»Hast du in Mülheim übernachtet?«, fragt Thomas, mir mit einer Kaffeekanne Erste Hilfe leistend. Vermutlich hat solch eine saure Filterkaffeeplörre noch nie eine derart segenspendende Wirkung entfalten können.

»Nein, wir waren noch im Pott unterwegs. Zwischen Dortmund und Essen rumgetingelt.«

»Cool!«, befindet Enie.

»Straffes Programm«, sagt Thomas. »Na, Hauptsache, du hast deine Texte für heute Abend startklar.«

Ups. »So gut wie.«

»Na, lass doch mal hören!«

»Jaaa!«, jubelt Enie.

»Nee. Die habe ich doch noch gar nicht eingeübt.«

Thomas zieht einen Stuhl hervor und hockt sich hin. »Eine bessere Gelegenheit zum Proben wirst du wohl kaum noch finden, oder?«

»Jaaa!« Enie jubelt den Point-of-no-Return herbei, da mag ich mich nun zieren und zaudern.

»Ja, ja!«, schiebt sie zur Bekräftigung hinterher.

Thomas lehnt sich zurück. Eine unmissverständliche Dann-schieß-mal-los!-Haltung. Ich nehme noch einen Schluck des bereits deutlich weniger wohlschmecken-den Kaffees, bringe mich in Position und intoniere:

Cindyrella
(Ruhrpottremix, gekürzt)

Frohnhausen wird traurig werden
Weil es nun so ist auf Erden
So war das immer und endet nie
Für die prekariable Peripherie
Dort, wo die Aschenputtel wohnen
Dort bimmeln tagtäglich die Jamba-Millionen
Doch sitzt es sich kläglich hier auf unseren Thronen

Denn wo ist hier so eine, wenn ihr wisst, was ich meine
Dann wisst ihr, ich meine so eine
Mit Haut weiß wie Schnee, Lippen rot wie Blut
Und Haaren schwarz wie die Rüttenscheider iMac-Schnitten
Nie war'n und nie wer'n und sich trotzdem ausbitten

iKonen des Geschmacks zu sein
Zeitgeistreich berufen – ich würd's nicht beschrei'n
Wie ihr euch eingebildet habt
Am Schaum der warmen Latten labt:
Ihr seid gewiss die Schönsten hier

Aber die Flittchen hinter den Katterner Bergen
Die versieben Karrieren, die für uns keine wären
Und Spieglein, oh Spieglein – was will uns das lehren?
Wir sind vielleicht die Schönsten hier
Aber die sind noch tausendmal schöner wie wir!

———————————

Thomas starrt mich regungslos an. Enies Blick irrlichtert zwischen mir und Thomas. »Toll!«, sagt sie schließlich, mit dem Tonfall den Sinn ihrer Aussage wieder ausradierend.

»Die anderen Gedichte kenne ich leider noch nicht auswendig«, wiegele ich ab.

»Na, für so einen Text hättest du dein Gedächtnis auch nicht belasten müssen …«, murrt Thomas.

»Gefällt dir nicht?«

»Ich fand's ganz gut!« Enies vermittelnde Freundlichkeit rettet die Situation auch nicht mehr.

»Das ist doch nur eine umgemodelte Version eines deiner alten Texte! Den hast du gar nicht hier geschrieben. Das ist doch eines deiner Berlin-Gedichte!« Man sollte die Erinnerungskraft seiner Zuhörer nicht unterschätzen.

»Na ja«, gebe ich zögerlich zu, »aber der Text passt doch auch hervorragend zum Ruhrgebiet. Die Hörsterfeld-Grazien. Die schnell verblühende Schönheit der aufgetakelten Prinzessinnen aus den Malocher-Siedlungen, die sich später hinter Aldi-Kassen verschanzen.«

»Das will doch keiner hören! Wie viele Hässliches-Entlein-Geschichten sollen dem Pott denn noch aufgetischt werden?« Thomas kommt in Fahrt – ich fühle mich geneigt, den Raum zu verlassen. »Bei der Extraschicht soll der Wandel gefeiert werden. Dass man den Aufbruch geschafft hat. Und da kommst du mit Ghetto-Romantik!«

»Hm.«

»Ja«, insistiert Thomas, »klopp' den Kram in die Tonne und fang' noch mal von vorn an! Aber mach hin!«

Das Klingeln von Enies Handy löst für einen Moment die bedrückende Situation. Sie stürzt aus dem Frühstücksraum. Außer Hörweite. Ich ahne, wer da am Apparat ist: Ein frisch verliebter Verehrer, dem ich nur allzu gerne meinen Auftritt absagen würde.

»Ich hätte auch noch ein paar kurze Gedichte, die ich so zwischendurch geschrieben habe.«

»Ja, deine Ute-Schnute-Kasimir-Kalauer kenne ich …! Pass auf – ich geb' dir jetzt mal 'nen Tipp: Mach 'ne Hafenrundfahrt durch Duisburg! Mehr Pott gibt's nich'. Und dann schreibs'e flott wat Ordentlichet!«

Hundemüde wanke ich auf den Pott. Gemeinsam mit einer gemischten Kegeltruppe aus der Pfalz, einem Rentnerpaar aus Belgien und einer fünfköpfigen Kleinfamilie aus Moers, die sich gegenüber der übrigen Runde als Einheimische gerieren und bereits am Pier einiges an Rekorden aufgetischt haben. Diese werden nun vom Kapitän des Schiffs im Leierton der Routine wiederholt. Der Familienvater nickt dazu wissend und vergewissert sich mit Kontrollblicken, dass auch die anderen Passagiere registrieren, dass er sie mit diesem Wissen schon vorher versorgt hat. Ich schlafe beinahe ein, von der vormittäglichen Sonne und den Wasserspiegelungen geblendet.

Am Spa spar'n – dem Stadtteil sein Fluss

Lass uns auf Kur in Ruhrort geh'n!
Der Wellness-Welle widersteh'n
Denn hier fließt alles – Wellnäss pur
In'n Rhein rein wie die reine Ruhr

Das auf einen Plastikspitzendeckchen servierte Kännchen Filterkaffee rettet mich einen Moment lang, auch wenn dieses seit Jahrzehnten ausgeschenkte Gesöff vermutlich bereits eine Phalanx von Magenkrebserkrankungen ins Leben gerufen hat.

»Getz guckt doch ma' die Boote!«, ermahnt die Moerser Mutter ihre Kinderschar, die sich um das Handy der älteren Tochter versammelt hat und an dem größten Binnenhafen Europas keinerlei Interesse zeigt. »Die Großen fahr'n alle nach Amerika, nache Indianers.«

Manchmal möchte man der Aussage, die nachfolgenden Generationen würden an all dem Handygedöns irgendwann komplett verblöden, vehement widersprechen. Derlei Gefahren lauern überall.

Das schummrige Wegdämmern zwischen den Relikten der Schwerindustrie weicht mich nochmals melancholisch an. All diese neumodisch gestalteten Prahlereien und Umbauten, die sich zwischen dem Originalen einnisten, viel Geld verschlingen und doch nur vage Versprechen sind. Dieses sich Berappeln und im Nichts seine Chance zum Neubeginn Erblicken.

Der ganze Innenhafen ist so ein Projekt – dort die Neueröffnung, daneben der frische Leerstand und ein Haus weiter wird bereits ein Wasserschaden vermeldet. Es ist nicht aussichtslos. Aber es ist ein Kampf um den vierten Platz. Angetrieben von einer Besser-als-nix-Mentalität. Lass die andern ruhig König sein und mir meine Ruhe! In all dem findet man das Ruhrgebiet. In all dem steckt das, was es woanders auch geben mag, aber hier begegnet es einem mit einer niemals drängelnden Aufrichtigkeit, die einem das Gefühl gibt, so ehrlich wie hier ist es nirgends sonst gemeint. Wir glauben wirklich, dass es irgendwie klappt. Und vielleicht stimmt es ja auch: Die großen von den Schiffen im Duisburger Hafen fahren alle nach Amerika, nache Indianers.

»Hallöchen! Wir sind da-ha! Woll'n Se hier anheu-ern?«

Ich schrecke hoch, schaue der Bedienung des Bord-cafés in die Augen. »Wie … wie spät is' denn?«

»Halb vier! Sie ham die ganze Rundfahrt durchge-pennt. Da ham Se't aber auch nötich gehabt, wa? Aber ich dachte, getz weck ich Se ma'!«

»Ich … ich muss nach Gelsenkirchen! Ich trete da heute Abend auf.«

»Na, dann machen Se abba ma' hin! Hier geht's auch gleich mitte Extraschicht los …«

Überall scheint man sich für den großen Tag zu rüsten. Der Pfälzer Kegelclub hat sich auf den Bänken eines Bierwagens breitgemacht, der gerade erst auf dem Pier des Innenhafens platziert wurde. Der Sippenälteste verteilt die Extraschicht-Tickets – ernst und mit der Gewichtigkeit eines Rote-Kreuz-Helfers. Die Moerser Familie steht dem belgischen Paar als Übersetzungshelfer bei: *»Eighteen Euro each, the Extraschicht all day ticket!«*, schreit der Vater, als wenn sich das Verständnis einer Fremdsprache über die Lautstärke erschlösse. Muskulöse Männer mit den blauen T-Shirts irgendeiner Event-Firma schließen die letzten Schlupfwinkel der Absperrgitter. Nur ich bin alles andere als gut vorbereitet für den Abend.

Am Duisburger Hauptbahnhof studiere ich die knapp bestückte Auslage der Ruhrgebietsbücher. Auf allen Titelseiten ein Foto vom Förderturm der Zeche Zollverein. Idyllisch im Sonnenschein und mit der Farbwärme einer 70er-Jahre-Fotografie. Das muss zur Inspiration reichen, die Zeit wird knapp.

Die Bahnhöfe von Oberhausen und Essen-Altenessen schießen an mir vorbei, trostlos selbst in der günstigen Ausleuchtung der Nachmittagssonne. Ich zweifle: Was war es noch mal genau, was mir am Pott gefiel? Auch der Gelsenkirchener Hauptbahnhof ist ein Ort, den man nicht mit schlechter Laune betreten sollte. Die bekommt man dort gratis. Die Stadt leidet am Dilemma von aus der Niedlichkeit entwachsenen Kindern. Irgendwie zu groß und zu klein geraten in einem. Zumindest für den Uneingeweihten blitzen lediglich die negativen Aspekte hervor.

Aber ein paar Schritte weiter tun sich schon die ersten Idyllen auf. Wie überall im Pott. Der Wissenschaftspark ist eine jener monströsen Glasbauten, die im Rahmen der Internationalen Bauausstellung Emscher Park den Neuaufbruch der Region mit moderner Wucht deklarierten. Ein See umgarnt die langgestreckten Glasarkaden, und verwundert identifiziere ich einen der Steine im Wasser als Schildkröte. Dann lasse ich mich auf der sanft hügeligen Wiese nieder. Auf eine seltsame Art ist es hier wirklich schön. Inmitten der künstlichen Parklandschaft glänzt der unwirkliche Schneewittchensarg des Wissenschaftsparks, zwei Zwerge streifen als rosenkranzschwingende Pudelmützenopis umher, ein Wiesenstück weiter haben sich drei frühprekäre Kinderwagenchauffeusen niedergelassen, munter schwatzend. Man

würde meinen, das passte so nicht zusammen, diese Fort-
schritt anmahnende Architektur, das snobistische Baumaterial und die Trägheit der Mittellosen. Aber ich hatte
immer den Eindruck, Schneewittchen hätte bei den
Zwergen bleiben müssen, damit das Märchen ein gülti-
ges Happy End hat. Dort hatte das Mädel doch seinen
Spaß – bei den kleinwüchsigen Schacht-Malochern auf
der Suche nach Edelsteinen.

Statt einem Gedicht schreibe ich deshalb eine …

Reiseempfehlung für das Ruhrgebiet

Sind Sie auch der Meinung, ein Königspaar auf einem Schloss
hat es schon viel zu oft gegeben und Schneewittchen hätte
besser bei den sieben Zwergen bleiben sollen?
Dann besuchen Sie die Metropole Ruhr!
Aber jammern Sie bitte nicht rum:
Wer hat an meinem Weltstadtanspsrüchlein geknabbert?
Hier ist die nette Provinz von nebenan, die sich mit ein paar
spektakulären Meteoriteneinschlägen der Industriekultur
schmückt. Gleich daneben pflanzen wir Möhren an.

Bekomme ich das noch gereimt? In – Moment … oh:
20 Minuten?!

Ja, wo laufen'se denn?
Die Parks des Reviers – bevorzugte Walkgegend

Völlig gaga! Gruga, MüGa, Olga – mit Hinterlassenschaften der Bundes- und Landesgartenschauen ist das Ruhrgebiet hinreichend gesegnet. Dagegen bilden innerstädtische, gewachsene Parks eher die Ausnahme – zumindest, wenn man eine gewisse Mindestgröße zum Maßstab nimmt. Allerdings macht es ohnehin den Eindruck, als ob die mit üppiger Blumenpracht bepflanzten Familiengärten genau das sind, was dem Pötter gefällt. Attraktionen wie Parkeisenbahnen, Aussichtstürme und Themengärten sind doch deutlich mehr, als eine plumpe Rasenfläche mit Baumreihen bieten kann.

So komplettiert sich ein schlüssiges Konzept der Naturschönheiten des Potts: der künstliche, durch Arbeit erschaffene Ursprung. Zu Halden aufgetürmte Berglandschaften an angestauten oder abgebaggerten Seen neben den üppigen Almen der Botanischen Gärten. Vielleicht steckt hier auch die Wurzel der nassforschen Wir-wuppen-das-Mentalität. Die eigene natürliche Art bewahren, alles andere darf gerne künstlich sein. Passt schon.

Die Gartenschauparks des Potts und ihre Hauptattraktionen:

1. Essen: Gruga – Bundesgartenschau 1965, 65 Hektar, Rhododendrontal, Eintritt: 4 Euro
2. Dortmund: Westfalenpark – Bundesgartenschau 1969, 70 Hektar, Florianturm, Eintritt: 3 Euro

3. Hamm: Maximilianpark – Landesgartenschau 1984, 22 Hektar, begehbarer Glaselefant, Eintritt: 3,50 Euro

4. Mülheim: MüGa – Landesgartenschau 1992, 66 Hektar, Wasserspielplatz, Eintritt frei

5. Gelsenkirchen: Nordsternpark – Bundesgartenschau 1997, 100 Hektar, Pyramidenhalde, Eintritt frei

6. Oberhausen: Olga – Landesgartenschau 1999, 26 Hektar, Aussichtsturm, Eintritt frei

Keine Extrawürste – auf Dichterschicht

Die lange Nacht der Industriekultur

Da kommt ja unser Herr Dichter!«, ruft es aus der geöffneten Lade der Würstchenbude. Dahinter wienern fünf Bürschchen Gläser, zwei von ihnen tragen Schalke-Trikots, einer davon ist Thorben. »Alles fit für heute Abend?«

»Ja, eher ›geht so‹ …!«

Er wirft sein Trockentuch über den Zapfhahn und kommt aus dem Wagen hervorgeklettert.

»Ach, dat wird! Zur Not sing einfach wat vom Ährwin, dat hat an unsam Stand bis jetz' noch immer gepasst! Da hinten is' deine Bühne, Mikro is' eingestellt. Brauchs'se sons' noch irgendwat Besond'ret?«

»Mikro reicht.«

»Vorher macht da noch ein Zauberjongleur Programm, dat dat Publikum schon wat zu gucken hat, bevor dein großer Auftritt kommt.«

»Zauberjongleur?«

»Ja, so Bälle inne Luft … Is' ganz ulkig, vor allem für die Kurzen. Muss ja auch allet Familienprogramm sein an so'm Tach!«

»Ausgleich!«, ruft einer von den Kollegen im Wagen.

»Scheiße«, murrt Thorben.

»Und Rot für Thon wegen Meckerei!«

»Scheißescheiße.«

Die gute Laune an der Würstchenbude verfinstert sich. Mit einer frühen Schalker Führung war der Nachmittag gut gestartet, nun scheinen das Gelingen des Tages sowie der Sinn des Lebens insgesamt auf der Kippe zu stehen.

Kurz darauf befinden sie sich bereits im freien Fall: Einem Doppel-Rot nach einer Rangelei auf dem Spielfeld schließt sich direkt die Dortmunder Führung an.

»Jetzt brauch ich ers' ma''n Schnaps«, seufzt Thorben. »Auch ein'n?«

»Nein danke. Besser nich' – muss ja noch auftreten«, winke ich ab.

»Ach, wat! Ein'n zum Lockern. Auf Schalke – dat'se't noch packen!«

»Na dann: Auf Schalke – Prost!« Nachdem ich gestern Nacht bereits auf den BVB angestoßen habe, bin ich mit meiner Trinkerei nun völlig in der Bigotterie gelandet.

»Und natürlich auf Enie!«, fügt Thorben hinzu.

»Ja, die wollte heute Abend auch kommen.«

»Na sicher kommt die …«, raunt mein Gegenüber verheißungsvoll. Dann stürmt er zum Wagen, aus dem

244

es ächzt und stöhnt, wieder eine brenzlige Situation. Scheint hoch herzugehen in der Veltins-Arena.

Vom Kohlenpoet im coolen Pott

Wenn dir deine Ex verspricht
Sie gäng mit dir zur Extraschicht
Denn da gäb's so schöne Lichter
Dann wird jeder Wicht zum Dichter
Allein dir fällt dort nichts ein
Wirst wohl weiter Exfreund sein!

Einige Augenblicke später trudeln die ersten Flüchtlinge der Radioübertragung ein. Kopfschüttelnd haben sie das noch laufende Spiel verloren gegeben, es herrscht bedrückte Stimmung. Doch in den allmählich auftauenden Gesichtszügen winkt bereits die Spur einer Bereitschaft, den Resttag mit dem bestmöglichen Grad an Freude zu umarmen. Als Startpunkt eines neuen Lebens, trotz einer 3:1-Heimniederlage gegen den ewigen Lokalrivalen.

»Mach mir ma' 'n Pilzken feddich! Und kipp wat Beruhig'ndet rein, wenne has'!«, lautet die erste offizielle Bestellung an Thorbens Wurstbude. Der Grill ist ohnehin noch wurstlos.

»Auch dat Spiel geguckt?«

»Ach, hör mir auf, weiß'se?! Ich mein, wie blöd kann man denn noch sein? Nee, du, ählich …!«

»So! Ein Beruhigungspilzken, lasset dir schmecken, Hubert!«

»Wat habta hier denn allet aufgebaut? Kommt heute der Papst, oder wat?«

»Extraschicht, Hubert! Hier gibtet gleich noch Programm.«

»Ach, is' schon wieder so weit? Wat habta denn an Programm?«

»Zauberjongleur und 'nen Dichter. Und hinterher spiel'n noch die Good Old Dixies.«

»Wat denn für'n Dichter?«

»Da frags'e am besten den jungen Mann hinter dir!«

Oh, oh. Bitte nicht. Aber zu spät.

»Du bis' der Dichter von heut' Aamt? Wat dichte'se denn? *Die Glocke*? Loch in Erde, Bronze rin. Glocke feddich, bim, bim, bim?«

Der Alte schüttelt sich vor Lachen. Und wohl ein wenig überrascht über die eigene Textsicherheit wiederholt er seine *Glocke*-Parodie noch einmal für Thorben. Der lacht sehr höflich mit und erklärt dann: »Ja, unser Mann hier trägt heute Ruhrgebietsgedichte vor. Poesie über'n Pott!«

»Oh! Schön.«

Würde man vermuten, dass ein »Oh! Schön« aus dem Munde eines angetrunkenen Jogginganzugklischees so aufrichtig und weich klingen kann? Sein Losbudenverkäufer-Timbre lässt für einen kurzen Moment lang die Stimmbänder in Ruhe und das Organ des Mannes in ungeahnter Reinheit erklingen. Was immer da gerade an Assoziationen durch seinen Kopf schwirrt – es sind Erwartungen, die ich mit meinem Vortrag nur enttäuschen kann. Fluchtgedanken melden sich an.

Die Extraschichten vom Revier

Von 18 bis zwei Uhr dauert die lange Nacht der Industriekultur, die im gesamten Pott seit 2001 unter dem Namen Extraschicht gefeiert wird. Acht Stunden, die mehr Programm bieten, als man in einem Monat bewältigen könnte. In Zahlen bedeutet das: rund 200 Events an 50 Spielstätten, zwischen denen 160 Shuttlebusse pendeln. Neben Bühnenprogrammen von Schauspiel bis Orchester setzen Videoprojektionen und Feuerwerke die Ikonen der Industriekultur in Szene. Es werden Hochöfen-Symphonien angestimmt und gigantische Lichtspiele inszeniert. Dazwischen sorgen Walking-Acts, Chöre, Bands und Straßenkunst für geerdete Vergnügungen.

Der Pott leuchtet in dieser Nacht und nutzt seine einzigartigen Kulissen für ein wahres Spektakel. Dem wohnen Jahr für Jahr 200.000 Besucher bei, die zum Teil in den Shuttle-Bussen ihre Zeit verplempern. Ein Tipp: Seien Sie nicht zu ehrgeizig, was die Programmplanung für diesen Abend angeht, man schafft eh immer weniger als gedacht. Und noch ein Tipp: Klingt ein Programmpunkt toll, seien Sie überpünktlich. Vermutlich ist auch das zu spät.

2012 fand die Extraschicht zum ersten Mal zeitgleich mit der Industriada in Polen und der Zweiten Schicht in der Region um Donezk/Ukraine statt. Weitere europäische Länder sollen ihr Interesse an der Teilnahme an einer Europäischen Nacht der Industriekultur bekundet haben, sodass dieser Abend europaweiter Feiertag werden könnte – in der Gewichtung irgendwo zwischen Ostern und Weihnachten.

»Hallo-hu!«, winkt mir Thomas zu, Wim und Margret im Schlepptau. »Wann geht's denn hier los bei dir? Im Programm findet man ja gar nichts zu deinem Auftritt!«

Mein Blick irrt zu Thorben, nicht ohne den Jogginganzugphilosophen zu streifen.

»Das'n Dichter hier!«, informiert der Mann die Neuankömmlinge. Und trägt auch Thomas und den ratlos dreinblickenden Holländern seine ihn immer mehr erheiternde Version der *Glocke* vor.

Thorben schert ein, um weitere Wiederholungen zu vermeiden: »Würd' mal vorschlagen, wir peilen so halb sieben, sieben an! Vorher kommt noch ein Zauberjongleur.«

»Ein Zauberjongleur?«, fragt Wim, dem die kulturelle Vielfalt der Extraschicht wohl doch etwas zu handfest vorkommt.

Nachdem die Runde mit der ersten Lage Würstchen versorgt ist, winkt mich Margret zu sich: »Enie möchte mit Ihnen sprechen. Sie wartet noch vorm Eingang.«

Ich schaue Margret erstaunt an.

»Sie wagt sich nicht hierher«, fügt sie als Erklärung hinzu und nickt verschwörerisch in Richtung Thorben. »Herzprobleme.«

Oha. Ich nutze die Deckung der vom Jogginganzug-philosophen angestimmten Gedichtparodien vom *Taucher* bis zum *Heidenröslein* aus, um mich unauffällig davonzustehlen. Was mochte da nur vorgefallen sein, dass der joviale Thorben so schnell in Ungnade gepurzelt ist?

Zuerst erkenne ich ein verweintes Mädchengesicht, dann: »Enie!«

Kaum, hat sie mich erblickt, kramt sie ein Taschentuch hervor und prustet kräftig, dann weint sie noch einmal heftig los.

»Hey, was ist denn los?«

Sie zwängt sich ein von verzweifelten Schluchzern unterbrochenes Einzelwort-Stakkato ab, das sich so zusammenfassen lässt: Der ungestüme Thorben habe das Treffen am Vormittag für ein idyllisches Schäferstündchen in einer Parkbucht auf der Autobahnraststätte nutzen wollen, was Enie trotz der anfänglich großen Sympathien schon alleine wegen des Ortes vehement abgewehrt habe. Da Thorbens Avancen aber nicht zu stoppen schienen, sei ihr nichts Besseres eingefallen als darauf hinzuweisen, dass sie und ich gestern Nacht »etwas miteinander gehabt« hätten und uns folglich als Paar begriffen.

»Bitte was?!«, belle ich hervor.

»Ich bin halt so verzweifelt gewesen! Aber es hat sofort gewirkt.« Auch bei mir verfehlt es seine Wirkung nicht. In Gedanken scanne ich die heutige Begegnung mit Thorben auf Hinweise, dass er mir übel gewogen sein könne. Sicherlich, er war etwas schlechter gelaunt als sonst, aber das hatte ja seine fußballerische Berechtigung.

Ist da nicht auch ein Spur von Missgunst in seinem Blick gewesen, ein verächtliches Zucken im Mundwinkel, eine zynische Note beim Zuprosten auf das Gelingen des Abends? Auf Enie haben wir ebenfalls getrunken. Jetzt würde mir dieser Schnaps vermutlich im Hals steckenbleiben. Wie konnte mir nicht aufgefallen sein, dass er in mir den Rivalen um eine beinahe erfolgreiche Eroberung gesehen hat? Hat er sich wirklich nichts anmerken lassen? Und: Was würde er angesichts dieser Schlappe jetzt tun?

»Ich kann nun leider doch nicht zu deinem Auftritt kommen«, jault Enie abschließend.

»Ja, schon gut. Ist ja klar.«

»Ich warte vor der Bogenbrücke im Nordsternpark auf meine Eltern. Kannst du ihnen das ausrichten?«

Mit einem Mal scheint es sehr unwahrscheinlich, dass der anstehende Auftritt damit endet, dass mir eine Gage ausgezahlt wird und ich für meine beeindruckende Performance gelobt werde. Über alldem schweben unheilvoll die Geier.

Und einer kommt mir bereits entgegen. »Sag mal«, faucht Thomas, »das mit Enie – das ist doch wohl nicht dein Ernst?!«

»Ähm, was genau?«

»Dein Kollege vom Würstchenstand hat meinen Holländern gerade süffisant erzählt, dass du ihr Mädel bei
euren Ausflügen abgeschleppt hättest! Weißt du eigentlich, wie peinlich so was ist – in deinem Alter?«

Ich hebe beschwichtigend die Arme: »Moment, das
ist alles ein großes Missverständnis! Das kläre ich!«

Doch auf meinem Weg Richtung Wurstbude werde
ich plötzlich von Andi gestoppt.

»Frank! Was has' du's denn so eilig? Has' doch noch
'ne halbe Stunde! Komm, ich muss dich unbedingt meinem Kurzen vorstellen! Bevor der Zauberjongleur los-
legt …«

So willkommen mir der Freund sonst sein mag, so un-
passend ist sein Faible für Sozialriten in diesem Augen-
blick. »Du, sorry – hab' grad echt keine Zeit!«

Ich rüttle mich aus der freundlichen Begrüßungs-
klammer und stürme Thomas hinterher, der stur an mir
vorbeigelaufen ist und damit plakativ sein Desinteresse
an der Klärung mich betreffender Missverständnisse de-
monstriert.

»Ach, da ist ja unser Dichter!«, schreit Thorben über
den Rest der Etappe hinweg. »Hab' gerade deine Schwie-
gereltern kennengelernt!«

Er grinst mich herausfordernd an. Langsam steigt
die Wut in mir auf.

»Also, um die Sache mal aufzuklären …«, optimis-
tisch versuche ich, mich inmitten dieses Gewuseles der
Befindlichkeiten als Bramme der Vernunft zu positio-

nieren. »Enie hat dir diese Geschichte allein deshalb aufgetischt, weil sie sich nicht anders gegen die Annäherungsversuche zu wehren wusste, mit denen du, lieber Thorben, sie heute Vormittag in die Enge getrieben hast. Eine reine Notlüge.«

»Ach wat, eine Notlüge, ja? Und wer hat mit Enie diese Sex-Fotos im Landschaftspark Nord gemacht? War dat etwa nich' unser werter Herr Dichter?«

Wim schaut mich fassungslos an. Margret steht das Entsetzen ins Gesicht geschrieben. Sie erkennt augenblicklich, dass da ein Funken Wahrheit in Thorbens Anschuldigung steckt. Den zu erläutern mir keine Zeit bleibt.

»Ich denke, wir würden dann gerne einen anderen Programmpunkt der Extraschicht anschauen und unsere Tochter am Eingang einsammeln. Es scheint, als sollte sie das Ruhrgebiet nicht weiter auf eigene Faust erkunden.«

»Aber sicher«, bietet Thomas an. »Gehen wir.«

»Enie wartet an der Doppelbogenbrücke auf Sie!«, rufe ich dem Trio hinterher, das in die falsche Richtung marschiert. Ein letzter Versuch eines Integritätsbeweises. Sie drehen, aber verzichten darauf, mir für diesen Hinweis zu danken. Ich schaue vorwurfsvoll auf Thorben. Der erwidert meinen Blick, trotzig.

»Das war ja wohl nicht nötig!«, raune ich.

»Was schmeißt du alter Sack dich auch an das Mädchen ran?!«

»*Ich?* Ich glaub's ja wohl nicht …!«

»Ärger?«, fragt Andi, der seinen Sohn aus dem Kindergewimmel vor der Bühne hervorgezogen hat. »Dann sach'se Bescheid!?«

»Zieh dei'm Bengel 'n and'ret Trikot über oder verpiss dich!«, mault Thorben. Ich schaue auf Andis Sohn hinunter, der mit Stolz ein sehr luftig sitzendes BVB-Trikot trägt. Mutig.

»Das is' übrigens Elias«, stellt mir Andi den Kleinen vor.

»Ja, und wenn er dat noch 'ne Weile bleiben soll, zieht er sich besser wat Anständiges an!«

Thorben scheint allen Ernstes die angestaute Wut des Tages auf das Trikot eines Achtjährigen fokussieren zu wollen.

»Mal halblang jetzt!«, mahne ich ihn an.

»Ja, halt ma' die Luft an, du Clown! Wat kann der Junge dafür, dat sich deine Mannschaft zu dusselich anstellt, ihre Führung über die letzten zehn Minuten zu bringen?!«, brüllt Andi los.

Ups. Eine eher kontraproduktive Beschwichtigungsvariante. Ich werfe mich märtyrerhaft zwischen die beiden Kontrahenten. Und auch wenn ich damit den heranpreschenden Thorben aufhalten kann, sorgt ein von dem Tumult alarmierter Trupp von Schalke-Trikotträgern innerhalb kürzester Zeit für ein munter blutendes Näschen in Andis Gesicht. Sobald in einem Geschubse ein gegnerisches Trikot zu erkennen ist, sorgt dessen Anblick offenbar für ein reflexartiges, aber beherztes Eingreifen für die Belange der eigenen Mannschaft. Selbst wenn dieses Trikot nur einen klein geratenen Nebendarsteller schmückt.

Thorben sorgt schließlich für den Abpfiff der Partie und besänftigt den Beißreflex seiner Kollegen: »So – hoffe, damit has' du genug, du Arschloch?! Und getz verpisst euch, sons' is' hier gleich die Kacke am Dampfen!«

Elias schaut hilflos und den Tränen nahe zu seinem Vater auf. Jetzt bitte keine weiteren Heldentaten! Da ich mich von meinem poetischen Dienst suspendiert erachte, schlage ich deeskalierend vor: »Komm, Andi, is' gut hier!«

20 Meter weiter taut Elias auf: »Das dürfen die nicht, die Schalker! Die scheiß Schalker.«

»Ja, da haste recht – die war'n wohl noch frustriert, dat wa den'n heut' ein'n vor'n Detz geknallt ham«, erklärt Andi. Er stopft seine Nasenlöcher mit zwei Tempotuchfetzen zu, um die Blutung zu stoppen.

»Die ham wa feddich gemacht, oder?«, fragt Elias noch einmal zur Sicherheit.

»Ham wa!«, bestätige ich, denn sein Vater ist in der Artikulation erheblich eingeschränkt.

»Können wir trotzdem noch den Zauberjongleur sehen?«

Andi und ich schauen uns an. Blicken skeptisch zu der von Blau-Weiß eingenommenen Würstchenbude hinüber. Knapp dahinter das Bühnenzelt.

»Na, wenn ihr euch links dran vorbeischleicht, sollte es passen«, schlage ich vor. Andi nickt mir eine Verabschiedung zu und zieht seinen Kurzen an der Hand zur Bühne, vor der soeben die ersten Ohs und Ahs erschallen. Der Zauberjongleur legt los. Was auch immer ein Zauberjongleur genau tut.

Und wohin jetzt?

Irgendwat is' immer – der Jackpott

Ungeachtet der Umstände kann ich mich nur glücklich schätzen, aus meinem Rezitationsjob entlassen worden zu sein. Es ist nicht viel herausgekommen bei meiner Mission, den Pott zu bedichten. Nichts, was man dort vorne auf der Bühne vermissen würde. Und irgendwie macht mir das doch ein bisschen zu schaffen.

Besorgt beobachte ich, ob es Andi und Elias gelingt, Thorbens Wurstbude unentdeckt zu umkurven. Aber alles scheint gut zu gehen, die werden auch ohne mich zurechtkommen. Überhaupt versiegt der Sinn meiner Anwesenheit im Pott. Ich habe wohl einiges durcheinandergewirbelt.

Und natürlich betrübt es mich auch, dass Maike sich nicht hat blicken lassen.

Zurück auf dem Parkplatz frage ich mich zu einer »normalen« Haltestelle durch und bin dabei ein wahrer Außenseiter, weil der Rest der Welt nach den Haltepunkten der Extraschicht-Shuttlebusse sucht. Mir ist die Lust auf alle Extras vergangen.

Als ich 20 Minuten später im Bus zum Gelsenkirchener Hauptbahnhof beim Fahrer mein Ticket kaufen möchte, röhrt es hinter mir: »Der fährt bei mir auf'em Bärenticket mit!«

Es ist der Jogginghosenphilosoph vom Würstchenstand, der mir als Begleitperson seines Rentnertickets eine Freifahrt ermöglichen möchte. Und sich damit einen Gesprächspartner erkauft. Wie selbstverständlich lässt er sich auf den Platz neben mir fallen.

»Du bis' mir ja'n Dichter!«, eröffnet er mir. »Hasse ein'n auf'e Glocke gekricht, wa? Bim, bim, bim?«

Er boxt mir begeistert mit seinem Ellenbogen in die Rippen. »Aber der Furzknoten da, der war'n Töften! Da kommt der mit'm BVB-Trikot in die Höhle des Löwen! Aber so musset machen, sons' taug'se als Fan nix! Is' halt nur der falsche Verein …«

»Und selbs' – keine Lust mehr auf Extraschicht-Gucken?«

»Ach, geh mich wech mit dem Scheiß! Seit Jahr'n leuchten'se die ganzen Dinger an, machen kurz Feuerwerk und denken sich, der Pott wär' am Kochen. Mir musse nix erzählen, ich hab' noch miterlebt, wie'se dat Licht auf Nordstern ausgemacht ham. Un' dat krisse mit'n paar bunte' Strahler auch nich' widda an!«

Er gönnt mir eine Pause, um über seine Eingangsthese nachzudenken, dann fährt er fort: »Weiß'se, 'n neuet Kleid macht mir meine Olle auch nich' schöna.

Und tut auch nich' nötich, sach ich imma, mir gefällt'se, wie'se is'. Wegen mir kann die im Kartoffelsack rumrennen. Bleibt doch'n Mensch! Aber is' klar: Für die andern Leute musse sich schick machen, die gucken auf so wat! Und so isset hier auch mit ihr'm Strukturwandel – wegen mir isset nich' nötich! Aber schön, dat'se dadurch dat Gelände wieder aufgemacht ham, kannse deine Enkels zeigen, wo'e ma' malocht has'. Dat'se merken, is' nich' allet gelogen, wat Oppa imma erzählt.«

»Und – werden denn die Enkel wohl auch noch im Pott malochen?«

Ich umschiffe etwas ungelenk die Unmöglichkeit, den alten Herrn zu siezen, und meine Unfähigkeit, ihn zu duzen. Das scheine ich in Berlin verlernt zu haben.

»Ach, weiß'se – jetzt komm'se alle von weit her, um sich uns're kaputten Sachen anzugucken und in Kultur zu machen. Früher sind'se gekomm', um hier zu malochen. Irgenwat is' immer. Die Leute von hier gucken schon wo'se bleiben. Die sind ja nich' dämlich. Seh'n nur so aus.«

Polternd lacht er sich in einen tief schürfenden Hustenanfall.

»Mann, Mann, Mann«, kommentiert er kopfschüttelnd, »den scheiß Lungenkrebs hätten'se wegen mir auch nich' erfinden brauchen!«

Ich bin mir nicht sicher, ob er eine Pause macht oder ich.

»Aber wat ich noch sag'n wollte: Die Jungs vom Wurststand sind schwer in Ordnung! Wennse nich' grad verlor'n ham … Da darf'se dann dein'n Köttel natürlich nich' im falschen Trikot vor der'n Nase rumtanzen lassen!«

»Is' klar«, antworte ich beklommen.

»So.« Er erhebt sich, ächzend und mit verzerrtem Gesicht. »Nächste muss ich raus.«

Unwillkürlich möchte ich mich erheben, um mich zu verabschieden. Der Alte lächelt spöttisch.

»Hey, Meister«, grölt er in Richtung Busfahrer, »ich steig' nächste aus – mein'n Kumpel hier nimms'e aber noch bis Hauptbahnhof mit, wa?!«

»Nur, wenner'n Lied singt!«

»Ja, ja – so siehs'e aus! Also«, wendet er sich wieder mir zu, »ich sach ma' Tschö mit ›ö‹. Und imma dran denken: Loch in Erde, Bronze rin. Glocke feddich, bim, bim, bim.«

Ich winke. Schmunzelnd und aufgewärmt.

Vom Wirkbereich der Poesie

Schacht und Kasse – gleichsam leer
Wo kommt getz die Kohle her?
Ach
Dat wird sich allet richten!
(Außerhalb von solch' Gedichten)

In Wattenscheid angelangt, packe ich hastig meinen Kram zusammen. Der letzte Zug nach Berlin ist mit etwas Beeilung noch ab Bochum zu erreichen.

»Du kriegst noch dein Ruhrgebietsgedicht, versprochen! Aber das braucht seine Zeit. Besten Dank für alles. Und sorry – ebenfalls für alles, Frank«, steht auf dem Zettel, den ich im Zimmer hinterlasse.

Wer bleibt, der bleibt

Ein vorgezogener Epilog

Sehr knapp und reichlich angeschwitzt besteige ich wenig später den ICE und penne bald auf dem von mir vollständig okkupierten Zweiersitz ein. Mein Handy weckt mich.

»Ja, hier is' Bodo! Mensch, schade, dein Kollege vom Würstchenstand hat mir schon erzählt, dass du krank bis'. Wat'n Pech – 'ne richtig schöne Extraschicht dieses Jahr! Wetter is' ja traumhaft. Hab' deine Nummer von Maike, die tanzt hier noch mit Meret und deinen Schalker Jungs rum. Ich soll schön grüßen. Passenderweise hat sich mein Chef gar nicht so begeistert gezeigt, was deine Gedichte für das Carta-Projekt angeht. Er meint, Lyrik – das würde nicht zum Ansatz passen, dass wir ja den Pott vor allem aus der Sicht des kleinen Mannes reflektieren wollen. Aber er kann sich gut vorstellen, dass du deine Texte im Rahmen der Projektpräsentation vorträgst. Das wär' dann eher so Ende nächsten Jahres, aber 'ne ziemlich große Sache. Vermutlich Essener Philharmonie. Hättest'e da Interesse dran?«

»Klar.«

»Dann geb' ich das mal so weiter … Das freut mich doch. Hab' gehört, ihr drei habt gestern Abend noch gut gefeiert?«

»Joah …«

»Na, cool. Hat Maike noch irgendwas über mich erzählt?«

»Joah …«

»Hoffentlich nichts allzu Vernichtendes?«

»Nein, eigentlich ganz positiv.«

»Ach? Na, guck mal an … Du, wenn ich dich das ma' so fragen darf: Hast du den Eindruck, Maike is' so richtig glücklich mit ihrem Leben jetzt?«

»Eher nicht.«

»Denk ich nämlich auch. Und das tut mir echt leid. Is' schon 'ne tolle Frau.«

»Unbedingt.«

»Vielleicht sollte ich einfach noch ma' versuchen, um sie zu kämpfen. So eine Frau wie Maike gibt man nicht einfach auf, oder?«

»Versuchen sollte man so was immer.«

»Alles klar, du – dann will ich dich mal nicht länger aufhalten. Gute Besserung! Und ich meld' mich dann …«

Das Ruhrgebiet –
ein Gedicht!

Etwas erschöpft von der Zugfahrt und dem schlafarmen Aufenthalt in der alten Heimat erreiche ich Berlin, mein Zuhause. Denn Zuhause ist da, wo man wohnt. Aller Melancholie zum Trotz. Aber diffus hallt sie in einem nach, diese überdauernde Verbundenheit mit der zwischen Metropole Ruhr und Kohlenpott schwankenden Region. Wegen der Menschen, die mit auf dieser Schaukel sitzen. Von denen einigen speiübel ist vom Hin und Her und von denen andere gar nicht mehr aufhören können »Yippieh!« zu rufen. Und irgendwie liegen sie alle richtig. Oder, wie Bodo so richtig angemerkt hat: So 'ne tolle Frau gibt man nicht einfach auf, um die sollte man kämpfen – jeder auf seine Weise. Andis Mutter strickt vielleicht schon an neuen Aufstiegsschals. In Kohlenpottschwatt. Ich jedenfalls würde davon sofort einen nehmen …

Drei Tage später maile ich Thomas den folgenden Text:

Wat sagen

Der Robinienbusch ruht unter Doppelhaushälften
Drin'n altern die Freunde der Rente entgegen
Der Carport im Garten ist do-it-yourself, denn
Das Ja-Wort zum Ort gilt es selber zu pflegen

Die Bude am Eck hat seit Jahren geschlossen
Verglommen als Fixstern der Pottnostalgie
Die Nachbarhausschönheit, in die du verschossen …
Nun, Zeit war nie gnädig. Das gilt auch für sie

Und Gilb klafft tief ins dir Vertraute
So reizarm mieft das neu Erbaute
Fast wird es dir mit Grausen klar
Dass das hier dein Zuhause war

Na, dann wird es Zeit, dass mal irgendwer »wat« sacht
Kein »Wt?« und kein »Ditte!« wie in Kreuzberg und Mitte
Sondern »wat«, dat den holprigen Weg zurück glatt macht
Sich altgewohnt andient dem Takt deiner Schritte

Ein »wat« mit 'nem »w« zwischen spöttisch und offen
'nem »a« von »Ach, komm ey!« bis wirklich betroffen
Dann die sam»t«ene Pranke zum Schulterschluss:
»Wat, dich gibbet auch noch?! Wie isset dir?« – »Muss.«

So kredenzt man hier unumwunden verbunden
Unbenommen vom Ausmaß der Pause ein Stück

264

Zuhause, das dir schon schien gänzlich entschwunden
Sagt nur: »Wat?« – doch dir sagt es: »Willkommen zurück!«

Was dir Kindheit war, modert hier schwer demoliert
Doch stoppst du dein Mosern, wenn's wer intoniert
Und dir klar wird: War Zeit, dass mal irgendwer »wat« sacht
Denn das klingt so und spricht sich, als wenn's ein'n auch
satt macht

Is' wie Bütterken futtern, belegt wie bei Muttern
Nicht von Bagel- und Muffin-Muff unterzubuttern
Und du realisierst, dass auch du wieder »wat« sachst
Neues Fremdeln negierst, einmal kurz diesen Cut machst
Zwar spürend, was dich bald wieder fort von hier treibt
Doch ist es ein Halt, dass dir immer »wat« bleibt

––––––––––––––––

Kurz nachdem die Mail rausgegangen ist, erkenne ich
einen eingehenden Anruf auf dem Handy-Display. Thomas. Mal hören, was er zu sagen hat.

Ein Pott für alle!

Tipps für eine gute Zeit im Pott, geordnet von touristisch bis schräg:

Familie Stevens ihre Top 5 vom Pott: Pflichtprogramm kompakt

1. Zeche und Kokerei Zollverein – was muss, das muss! Und es lohnt …
2. Tetraeder Bottrop – hoch übern Rand des Potts und darüber hinaus
3. Landschaftspark Duisburg-Nord – eine Symphonie aus Stahl
4. Schurenbachhalde und Nordsternpark – das Doppelpack in Laufnähe
5. Halde Haniel zwischen Bottrop und Oberhausen – Mondlandschaft mit Totems

Spezial-Tipp: Tiger & Turtle im Duisburger Angerpark – die begehbare Achterbahn, bei Nacht besonders sehenswert

Bodo **seine Top 5 vom Pott: Schürfgrunde der Malocher-historie**

1. Zeche Nachtigall im Wittener Muttental – in der ersten Zeche der Region 130 Meter unter die Erde fahren
2. Siedlung Eisenheim in Oberhausen – Pottalltag wie damals
3. Bergbau-Museum in Bochum
4. Zeche Zollern in Dortmund – das »Schloss der Arbeit«
5. Ruhr Museum in der Kohlenwäsche auf Zollverein – das Prestigeobjekt der Erinnerung

Spezial-Tipp: Schiffshebewerk Henrichenburg in Waltrop – Industriebautensensation, die 14 Meter Höhe überwindet und zu einem Spaziergang durch den Schleusenpark überleitet

Thomas **seine Top 5 vom Pott: Stille Idyllen der Vergänglichkeit**

1. Der Krupp-Familienfriedhof auf dem Bredeneyer Friedhof in Essen
2. Ruine der Neuen Isenburg an der Heimlichen Liebe in Heisingen
3. Die Ruhrorter Personenschifffahrt am Duisburger Hafen
4. Nachtlichtführung auf der Kokerei Hansa
5. Hattinger Ruhrschleife mit Ruine der Isenburg

Spezial-Tipp: Spaziergang durch den Bochumer West-park mit anschließendem Crêpes-Essen im Restaurant Mandragora (Bermudadreieck)

Andi seine Top 5 vom Pott: Ruhri-Vatta unterwegs
1. Eisenbahnmuseum Bochum-Dahlhausen
2. AQUApark Erlebnisbad im Bergbauambiente Ober-hausen mit Förderturmspringturm und Henkelmann-Restaurant
3. Aquarius Wassermuseum in Mülheim an der Ruhr
4. Kinderbergwerk Zeche Knirps an der Zeche Hanno-ver in Bochum
5. Freilichtmuseum Hagen

Spezial-Tipp: Borusseum – Dortmunds Fußballmu-seum für Fans allen Alters mit Fangesangskaraoke und Phrasendreschmaschine

Marc und Anke ihre Top 5 vom Pott: Eltern mit Aus-gang
1. Theater an der Ruhr – Mülheims reisefreudiges The-ater mit einzigartigem Geschäftsmodell und heraus-ragendem Repertoire
2. Stummfilmgala in der Lichtburg Essen – nach wie vor Deutschlands größter Kinosaal
3. Spaziergang vom Essener Krupp-Wald bis zur Brehm-insel Werden

4. Musiktheater im Revier in Gelsenkirchen – das schönste Opernhaus der Region
5. Niederrhein-Therme Duisburg

Spezial-Tipp: Akademie Mont-Cenis in Herne – ein Tag am Mittelmeer in der gläsernen Klimahülle des größten gebäudeintegrierten Solarkraftwerks der Welt

Maike ihre Top 5 vom Pott: Gediegene Höhepunkte
1. Red Dot Design Museum auf Zollverein – größte Präsentation zeitgenössischen Designs
2. Dortmunder U – neue Kunst- und Medienprojekte unter einem Dach
3. Internationale Kurzfilmtage Oberhausen – entspanntes Stelldichein der Filminteressierten
4. Villa Hügel – die Heimat der Krupps mit schönem Park und Ausstellung
5. Ruhrtriennale – Hochkultur an spektakulären Orten

Spezial-Tipp: Le Chat Noir – Weinlokal und Bistro in Essen, am Samstagmorgen mit dem quasi-mediterranen Rüttenscheider Wochenmarkt zu kombinieren

Meret ihre Top 5 vom Pott: Einfach viel Vergnügen
1. *Starlight Express* in Bochum – der letzte Mohikaner der Ruhrgebietsmusicals war auch das erste vor Ort und hat sogar ein eigenes Theaterhaus

2. ZOOM-Erlebniswelt Gelsenkirchen – viel zu sehen, und Tiere gibt es auch noch!
3. Movie Park Germany in Bottrop – der Freizeitpark des Potts mit Schwerpunkt Film
4. Essen.Original – die kleine Schwerster des Musik-festivals Bochum Total mit mehr Platz und Abwechs-lung
5. CentrO – All-Inclusive-Urlaub in Oberhausen – Shopping, Essen, Feiern

Spezial-Tipp: Anja's Singabend im Steinhof Duisburg – Mitträllern ohne Hemmungen aus Spaß an der Freud' (jeden zweiten Dienstag im Monat)

Thorben seine Top 5 vom Pott: Wo der Pott am Ko-chen is'
1. Extraschicht – die Nacht der Nächte
2. Gasometer Oberhausen – entfaltet sich selten zur vollen Blüte, dann aber nix wie hin!
3. Haltestelle Schalker Meile – eine ganze Straße in Blau-Weiß
4. Traumzeit-Festival im Landschaftspark Duisburg-Nord – mehr Ambiente gibt's nicht …
5. Bochum Total – unverwüstlich!

Spezial-Tipp: Grend Slam Revue im Grend Essen – Slam Poetry vom Feinsten lauschen und anschließend dem Moderator eins auf die Nase geben

***Schmiddi und Bomber* ihre Top 5 vom Pott: Feucht, fröhlich und etwas schräg**

1. Brauerei-Museum Dortmund – Führung durch die Actien-Brauerei mit anschließender Bierverkostung
2. Wasserski Wedau – Duisburgs Wassergaudi
3. alpincenter Bottrop – Skihalle mit Sommerrodelbahn
4. Drehscheibe Essen – die Kneipe vom Schlagergott
5. Cranger Kirmes in Herne – Kultkirmes mit Boxbude: ein unschlagbarer Klassiker!

Spezial-Tipp: Shoppen in Klaus Henscheids Fischskihasenantikbuchpapageienkruzifixsämereienhandlung – wilde Mischung an der Dreiringstraße in Essen-Steele

Wichtige
Wörter und Wendungen

Was war gleich noch mal die IBA? Wer ist bitte Susi Zorc? Wo kommen die Doozer her? Hier finden Sie die Übersetzungen von Ruhrpottvokabeln sowie kurze Erklärungen zu all den rätselhaften Begriffen, die Ihnen in diesem Buch begegnen.

A40: lokalpatriotisches T-Shirt-Motiv, oft in Kombination mit dem Motto »Woanders is' auch scheiße« von Tresenlesen-Autor Frank Goosen

Abraum: alles, was keine Kohle ist. Der Gesteinsmüll aus den Schächten bildete die Grundlage für die durch Abraumhalden geprägte Gebirgslandschaft des Ruhrgebiets

Abstich: Öffnen des Verschlusses am Boden des Hochofens, um Roheisen und Schlacke abfließen zu lassen und dabei voneinander zu trennen. Heiße Angelegenheit, bei der Temperaturen bis zu 1.600 Grad Celsius im Spiel sind

abzischen: mit Entschlossenheit einen Ort verlassen

Ampütte: klingt nach »Zeche«, »Pott« und »Pütt«, ist aber lediglich der Nachname vom Wirt der gleichnamigen Kneipe in Essen-Rüttenscheid. Die gilt wegen der langen Öffnungszeiten der Küche als Taxifahrerunterschlupf

an der Backe: etwas an der Backe zu haben, bedeutet, es nur schwer loswerden können

Bärenticket: Abo-Ticket des VRR für Personen ab 60, erlaubt zeitweise die Mitnahme eines zweiten Erwachsenen

Bergmann: Berufsbezeichnung für die unter Tage malochenden Arbeiter einer Zeche, Plural: Bergleute

Bergmannskluft: als Arbeitskleidung gestellte Garderobe plus Helm mit Lampe, heute eher im folkloristischen Gebrauch, insbesondere das blau-weiß gestreifte Pütt- oder Grubenhemd

Borbeck: Stadtteil von Essen

Borsigplatz: Kreisverkehr in Dortmund, wo man Erfolge des BVB mit Autokorsos feiert. Man spricht in diesem Zusammenhang auch davon, dass man »den Borsigplatz schwarz-gelb streicht«

Büdchen, Bude: Kiosk, Trinkhalle, Spätkauf

Bütterken: belegtes Butterbrot (auch: Knifte)

Dahlbuschbombe: torpedoartiges Rettungsgerät für Verschüttete, kam unter anderem beim Unglück von Lengede 1963 zum Einsatz

Derby: das Fußballspiel des Potts – Borussia Dortmund gegen Schalke 04

Detz: Kopf, ausschließlich in Kombination mit einer adverbialen Bestimmung der Richtung, zum Beispiel: »vor'n Detz geknallt«

Dicke Bertha: Spitzname von Mörsergeschützen aus dem Hause Krupp. Mit einem Gewicht von bis zu 42,6 Tonnen deutlich schwerer als Bertha Krupp von Bohlen und Halbach, die zumindest im Volksmund als Namenspatin gilt

Dönekes: nette Anekdoten am Rande der Unglaubwürdigkeit

Doozer: wuselige Bauarbeiterwesen in Nagetiergröße aus der Puppenfilm-Serie *Die Fraggles*

Doppelbock: zweistrebiges Förderturmgerüst, berühmtestes Beispiel: der Förderturm der Zeche Zollverein

dösiger Radfahrer: Schimpfwort, das keinesfalls auf Zweiradfahrer beschränkt ist. Korrekt angewandt: »Du dösigen Radfahrer, du!«

Döskopp: Dummkopf

dusselich: dumm

einfahren: 1.000-Meter-Abwärtsbewegung zur Arbeitsschicht unter Tage in einem Korb und mit Mordsgeschwindigkeit – jede Achterbahn ist lahm dagegen

Emscher: Fluss durch das nördliche Ruhrgebiet, einstige Köttelbecke (Kloake) des Reviers, in die Abwässer offen entsorgt wurden. Neue Klärwerke und Renaturierungsmaßnahmen sollen jetzt den ökologischen Umbau des Emschersystems vorantreiben

Eumel: Schimpfwort unter Freunden

EVAG: Essener Verkehrs AG, eines der vielen Verkehrsunternehmen innerhalb des Verkehrsverbundes Rhein-Ruhr

Fahrstuhlmannschaft: eine von Saison zu Saison auf- und wieder absteigende Fußballmannschaft, seit der Saison 1993/94 auch der VfL Bochum, der noch im Jahr davor als »VfL Unabsteigbar« gehandelt wurde

feddich: oftmals mit Stoßseufzer geäußerter Hinweis, eine Aufgabe vollendet zu haben. Auch gebräuchlich in der Aufforderung: »Mach ma' feddich, hier!«

Fiege: »Unser Pils braut Moritz Fiege!«, heißt es in Bochum. Und Fiege heißt das Bochumer Bier

Fott: kleiner Hintern

Frikka: kurz für Frikadelle, in Ruhrgebietskneipen häufig als Speise zum Pils angeboten

Frohnhausen: Arbeiterstadtteil von Essen

Furzknoten: Kind

Gasometer: Teilbereich eines Hüttenwerks – Zwischenspeicher für das bei der Verhüttung entstehende Gichtgas

Gebläsehaus: Teilbereich eines Hüttenwerks – Halle, in der Gebläsemaschinen für den Sauerstoffzufluss in den Hochofen sorgen

Gedöns: wertlose Menge an Gegenständen oder Handlungen, die zu nichts führen (Getue)

Gesöff: fades Getränk

Gieshalle: Teilbereich eines Hüttenwerks – Halle, in der der Abstich am Hochofen vollzogen wird und das

entnommene Roheisen in Waggons weitergeleitet
wird

Glück auf: das »Petri Heil!« oder »Gut Holz!« der Bergleute, heutzutage nur noch als Abschlussformel von
Lokalpolitikern gebräuchlich

Grachtenscheißer: abfällige Bezeichnung für Niederlän-
der

Grönemeyer, Herbert: hat zunächst seiner Heimatstadt
Bochum, dann dem Ruhrgebiet eine Hymne ge-
schrieben. Erstere für die Ewigkeit, letztere für das
Kulturhauptstadtjahr 2010

Grubenhemd: blau-weiß gestreiftes, kragenloses Flanell-
hemd, inzwischen nostalgischer Bestandteil der Berg-
mannkluft

Grubenlampe: die persönliche elektronische Leuchte jedes Bergmanns unter Tage, die über die gesamte Arbeitszeit angeschaltet bleibt. Handlampen wurden
von den am Helm befestigten Kopflampen ersetzt

Grubenpferd: Von 1850 bis in die 1960er-Jahre wurden
Pferde zur Förderung von Loren in den Schächten
eingesetzt. Zunächst wurden sie täglich nach Schicht-
ende an die Oberfläche gebracht, zum Ende des
19. Jahrhunderts wurden sie zunehmend in untertä-
gigen Pferdeställen gehalten

Gurkentruppe: erfolglos spielende, schwache Fußballmannschaft

Halde: aufgeschüttetes Endlager des nicht verwertbaren,
»blinden« Gesteins aus dem Bergbau

hinmachen: beeilen, »Nu' mach hin da!«

Hochfeld: Stadtteil von Duisburg mit über 40 Prozent Ausländeranteil

Hörsterfeld: Hochhaussiedlung im Essener Stadtteil Horst, in welche lange Zeit Menschen mit problematischen sozialen Hintergrund einquartiert wurden

Hütte, Hüttenwerk: Heimat der Hochöfen, Anlage zur Verhüttung von Eisenerz beziehungsweise zur Herstellung von Roheisen, aus dem durch Aufblasen von Sauerstoff Stahl erzeugt wird

IBA: Internationale Bauausstellung, Projektewettbewerb unter Architekten und Landschaftsplanern, bei dem es darum geht, einer Region mittels neuer Ideen zum erforderlichen und/oder gewünschten Wandel zu verhelfen

Kacke am Dampfen: drohende Unannehmlichkeiten

Karnickel: (Stall-)Kaninchen

Katernberg: Arbeiterstadtteil von Essen, korrekt ausgesprochen als »Kaddernbäach«

Kaue: Umkleide- und Waschraum der Bergleute, in der die Kleidung an einem Haken oder in einem Korb an die Decke gezogen und dort aufbewahrt wird. Kauen wurden schon vor der IBA Emscher Park oft als Veranstaltungsräume soziokultureller Zentren genutzt.

Kettwig: am Stausee gelegener, flächenmäßig größter Stadtteil von Essen (1975 eingemeindet) mit idyllischer Altstadt

Klatsche: bedeutet in der Wendung »einen an der Klatsche haben« »bekloppt sein«, auch: hohe Niederlage im Fußball

Kleeblätter: die Spieler von Rot-Weiß Oberhausen

Klümpkes: Bonbons, ebenso anderweitiger Süßkram von Weingummi bis Lakritz

Knappen: die Spieler vom FC Schalke 04, ursprünglich auch eine Bezeichnung für den Bergmann nach der Berufsausbildung

Kohlenwäsche: Teilbereich einer Zeche – Aufbereitung der geförderten Kohle, die hier nach bestimmten Arten und Klassen sortiert und verladen wird

Kokerei: Hier wird in den Koksöfen aus Kohle der für die Stahlerzeugung nötige Koks erzeugt. Unbehandelte Kohle ist hierfür wegen der geringeren Reinheit und dem notwendigen Heizwert nicht geeignet

Koksbatterie: mehrere nebeneinanderstehende Koksofenkammern (die selbst nur etwa 50 Zentimeter breit sind), in denen Kohle luftdicht auf 900 bis 1.400 Grad Celsius erhitzt wird

Kolonie Kirdorf: Dortmunder Arbeitersiedlung

Köttel: Kind

Kruppianer: Arbeiter und damit Angehöriger der Fa. Krupp

Kumpel: Bergmann

Kurze: Kinder

Landmarke: weithin sichtbares, markantes Objekt, eigentlich Orientierungszeichen der See- und Luftfahrt

Malakow-Turm: klingt wie Molotow-Cocktail, ist aber ein Zechen-Förderturm aus massivem Mauerwerk, bis zum Ende des 19. Jahrhundert üblich (dann abgelöst von den Fördergerüsten) und oftmals als Schlossturm mit Zinnen und Backsteinborten verziert

Maloche: beschwerliche, unabwendbare Arbeit

Marxloh: Duisburger Stadtteil, der immer noch von der Stahlindustrie geprägt ist

Metropole Ruhr: 2010 eingeführter und rigoros durchgesetzter Begriff für das Ruhrgebiet, die Energiesparlampe unter den Bezeichnungen für die Region

Mischpoke: eigentlich Verwandtschaft, aber allgemein für aus nichtigen Gründen verbundene Gruppe geringgeschätzter Personen

Möllerbunker: Teilbereich eines Hüttenwerks – hier wurden die Grundstoffe Eisenerz und Koks gelagert und gemischt, um dann in den Möllerwagen zu den Hochöfen herauftransportiert zu werden

Montanindustrie: alles zwischen Kohle und Stahl – Industriezweige von der Gewinnung von Bodenschätzen bis zu deren Verarbeitung in der Schwerindustrie

Nulpe: Nichtsnutz, Ignorant

Olle: (Ehe-)Frau

Pampa: Ödnis, abgelegene Gegend

Plörre: abgestandenes und/oder seltsam gemischtes Getränk

Plörren, Plörrens: abschätziger Mengenbegriff für ungeordnet herumliegende, störende Gegenstände

Pommes Schranke: Portion Pommes Frites mit Ketchup und Mayonnaise

Pott: Bezeichnung für den Kernbereich des Ruhrgebiets, auch: Kohlenpott

Pülleken: Fläschchen, insbesondere Schnapsfläschchen

Pütt: Zeche

Reibeplätzkes: Reibekuchen

Revier: Bezeichnung für das Ruhrgebiet (etwas weiter gefasst als »Pott«)

Route der Industriekultur: touristische Themenroute des Regionalverbandes Ruhr, die die attraktivsten Industriedenkmäler des Ruhrgebiets miteinander verbindet

RUHR.2010: Programm und Schlagwort des Europäischen Kulturhauptstadtjahrs 2010

Ruhrort: Stadtteil von Duisburg, in dem die Ruhr in den Rhein mündet, Hafenviertel

Ruhrpottkanacke: selbst gewählte Bezeichnung der Fußballfans im Ruhrgebiet (um der Nutzung als Schimpfwort vorzubeugen)

Rüttenscheider Stern: Mittelpunkt und U-Bahn-Station der als Kneipenmeile geltenden Rüttenscheider Straße in Essen

Schimmi, eigentlich *Horst Schimanski:* von Götz George dargestellter *Tatort*-Kommissar aus Duisburg, der »Scheiße« sagen durfte und es zweimal auf die Kinoleinwand schaffte

Schlacke: nichtmetallischer Rückstand bei der Verhüttung von Eisenerz, oft als Sekundärrohstoff genutzt, granulierte Schlacke wird zum Beispiel im Straßenbau oder für die Herstellung von Zement genutzt

Schmackes: Kraft, etwas »mit Schmackes« erledigen

schnabulieren: einfach, aber genüsslich essen

Schnibbelbohnen: in Streifen geschnittene Bohnen, die Grundlage für diverse Eintöpfe

Schwof: Tanzabend

Staublunge: Berufserkrankung von Bergleuten durch das jahrelange Einatmen von Steinstaub

Stauder: Biermarke aus Altenessen

Steiger: Meister, Techniker oder leitender Angestellter an einer Zeche

Stoppok: Rockbarde und Liedermacher-Urgestein aus dem Pott, hat Günni Semmler zu Popularität verholfen und die posthume Würdigung sichergestellt

Strukturwandel: Schlagwort des Wandels an der Ruhr nach Ende der Montanindustrie, allgemein: Veränderung von diversen Einflussgrößen, die die Verbesserung von Chancen auf eine langfristige positive Entwicklung zum Beispiel einer Region in Aussicht stellt

Susi Zorc, eigentlich *Michael Zorc:* ehemaliger Mittelfeldspieler von Borussia Dortmund, der sich durch eine ungewöhnliche Treue – jedes seiner 463 Bundesligaspiele hat er für den BVB bestritten – zum Publikumsidol gespielt hat und nun als Sportdirektor für den Verein tätig ist. Den Spitznamen »Susi« erhielt er wegen seiner vormals langen Haare

Tinnef: unnützer Kram

töfte: toll

unter Tage: in den Schächten der Zechen, Wirkstätte der Kumpel

Vanille-Fla: trinkbarer Vanille-Pudding, ein Hauptgrund für den deutsch-niederländischen Grenzverkehr

Veltins-Arena: Spielstätte des FC Schalke 04

verbotene Städte: abgesperrte, riesige Firmengelände von Zechen und Hüttenwerken

VRR: Verkehrsverbund Rhein-Ruhr, Zusammenschluss der Nahverkehrsunternehmen in Nordrhein-Westfalen wie EVAG und BoGeStra

Wegbier: Überbrückung der alkoholischen Versorgungslücke zwischen zwei Tränken

Westerholt: die letzte fördernde Steinkohlezeche im Zentrum des Ruhrgebiets, am 19. Dezember 2008 stillgelegt

Winterberg: Stadt und Skigebiet im Sauerland, der Ankerlift des Reviers

etwas *wuppen:* eine Aufgabe bewältigen

Zebras: Spieler des MSV Duisburg

Zornige Ameise: Ruhrufer in Essen-Rellinghausen sowie dort gelegenes Restaurant. Dem Volksmund nach bezieht sich der Name auf eine dort tätige Wirtin, die sowohl sehr fleißig als auch leicht erregbar war

FETTNÄPFCHENFÜHRER

www.fettnäpfchenführer.de

Die Buchreihe, die sich auf vergnügliche Art dem Minenfeld der kulturellen Eigenheiten widmet.

ÄGYPTEN — ISBN 978-3-934918-59-7

BRASILIEN — ISBN 978-3-934918-92-4

CHINA — ISBN 978-3-943176-26-1

FRANKREICH — ISBN 978-3-934918-74-0

GRIECHENLAND — ISBN 978-3-934918-82-5

GROSSBRITANNIEN — ISBN 978-3-943176-31-5

INDIEN — ISBN 978-3-934918-85-6

ITALIEN — ISBN 978-3-934918-47-4

JAPAN — ISBN 978-3-943176-24-7

KANADA — ISBN 978-3-934918-77-1

KOREA — ISBN 978-3-943176-38-4

MEXIKO — ISBN 978-3-943176-03-2

NEUSEELAND — ISBN 978-3-934918-58-0

NIEDERLANDE — ISBN 978-3-943176-11-7

NORWEGEN — ISBN 978-3-934918-56-6

ÖSTERREICH — ISBN 978-3-934918-76-4

RUSSLAND — ISBN 978-3-934918-48-1

SCHWEDEN — ISBN 978-3-934918-43-6

SPANIEN — ISBN 978-3-934918-75-7

SÜDAFRIKA — ISBN 978-3-934918-42-9

THAILAND — ISBN 978-3-943176-20-9

VIETNAM — ISBN 978-3-943176-50-6

USA — ISBN 978-3-943176-16-2

CONBOOK VERLAG
www.conbook-verlag.de

Intensiv reisen – mit unseren Routenreiseführern für Nordamerika

Der Süden Floridas ist das Lieblingsziel europäischer Touristen in den USA. Unser Routenreiseführer führt Sie zu allen Highlights: Orlando, Cape Canaveral, Miami, Everglades National Park, Florida Keys, Key West, Dry Tortugas National Park, Golf von Mexiko, Tampa Bay, Ocala National Forest uvm.

Erleben Sie auf 2.200 Kilometern in Begleitung allgegenwärtiger Alligatoren, einer exotischen Vogelwelt und der tropischen Sonne den Sunshine State.

2.500 km auf der schönsten Küstenstraße Nordamerikas – eine einzigartige Route von San Diego bis nach Seattle. Auf über 500 Seiten geballtes Reisewissen und spannende Hintergrundgeschichten zur amerikanischen Kultur und Gesellschaft.

»Wer auch nur andenkt, diese Strecke oder Teile davon zu bereisen, sollte Jens Wiegands Buch erwerben. Einmal unterwegs ist dieser Begleiter unersetzlich. Allerdings besteht die Gefahr, dass man nach der Lektüre die Westküste der USA besser kennt als die eigene Heimat.«
(Der Trotter – Die Zeitschrift der Globetrotter)

Das Standardwerk für alle, die den Westen Kanadas in voller Pracht genießen möchten. Erleben Sie auf de legendären Route durch Alberta und British Columbia u.a. den Banff und Jasper National Park, Mount Robson, Revelstoke, Glacier und Yoho – und natürlich die beiden Metropolen Calgary und Vancouver.

»Buchempfehlung des Monats der preisgekrönten deutsch-kanadischen Zeitung für die Provinz Alberta.«
(Arnim Joop, Albertaner)

Marion Landwehr
Nationalparkroute USA – Florida
ISBN 978-3-943176-39-1

Jens Wiegand
Pacific Coast Highway USA
ISBN 978-3-943176-37-7

Helga und Arnold Walter
Nationalparkroute Kanada
ISBN 978-3-943176-36-0

Fritz Schumann

Japan 151
Ein Land zwischen Comic und
Kaiserreich in 151 Momentaufnahmen

ISBN 978-3-943176-27-8

Japan – Inselreich im Fernen Osten. Nichts ist für die Ewigkeit in diesem Land, das häufig von Naturkatastrophen heimgesucht wird und die Zeit der vergänglichen Kirschblüte deshalb ausgiebig feiert. Wo es weit mehr Spezialitäten als Sushi und Sake gibt und die Menschen sich für kindliche Motive ebenso begeistern wie für die altehrwürdigen Ideale der Samurai.

Japan 151 ist eine einzigartige Dokumentation des Lebens in heiliger Natur und hellem Neon, zwischen schnellem Konsum und uralten Idealen – mit Traditionen, die in einer Welt modernster Technik überdauern. Erleben Sie in 151 Momentaufnahmen viele Perspektiven der japanischen Kultur und Gesellschaft, begleitet von Geschichten, persönlichen Eindrücken und einem Blick in die Tiefe.

»Verständlich und informativ werden unterschiedliche Bereiche Japans behandelt und einzelne Wörter erklärt. *Japan 151* ist eine Bereicherung für jeden, der sich für Japan und alles, was dazu gehört, interessiert.« *(Kathrin Nüsse, Japan-Magazin)*

Jeder Band mit über 150 eindrucksvollen Bildern, komplett in Farbe

Erleben Sie mit den Büchern der Reihe »**151**« faszinierende Momentaufnahmen der Kultur und Gesellschaft eines Landes, begleitet von Geschichten, persönlichen Eindrücken und einem Blick hinter die Kulissen. Bücher für Entdecker und Liebhaber und diejenigen, die es werden wollen.

www.1-5-1.de

CONBOOK VERLAG
www.conbook-verlag.de

Glaubacker: **Indien 151**
ISBN 978-3-943176-02-5

Beis: **Südafrika 151**
ISBN 978-3-943176-18-6

Graf-Riemann: **Spanien 151**
ISBN 978-3-943176-12-4

Thielke: **Thailand 151**
ISBN 978-3-943176-43-8

Froger de Ponlevoy: **Vietnam 151**
ISBN 978-3-943176-42-1

Schmausen und grausen Sie mit Julia Schoon einmal rund um den Globus. Dabei ist eines sicher: Am Ende wird Ihre Definition von »Delikatessen« nie wieder dieselbe sein ...

Julia Schoon

Delikatessen weltweit
99 Spezialitäten, die
Sie *(lieber nicht)*
probieren sollten

Klappenbroschur mit
Farbfotos im Innenteil

ISBN 978-3-943176-45-2

Reisen geht wie die Liebe durch den Magen – und hält dabei genauso viele Überraschungen bereit. Zum Beispiel mit salziger Yakbutter verfeinerten Tee in Tibet oder *Praerie Oysters,* die Meeresfrüchte vermuten lassen, sich aber als gekochte oder gegrillte Stierhoden entpuppen. Eine fiese Falle ist auch die womöglich köstlichste Frucht Südostasiens, die derart bestialisch stinkt, dass man aus dem Hotel geworfen wird, sollte man sie dort anschneiden.

Auf Reisen begeben sich aber auch immer Menschen, die bewusst das Abenteuer suchen. Sie wollen lebendigen Oktopus probieren? Auf nach Korea! Frisch aus der Palme gezapften Alkohol? Bekommen Sie in West- und Zentralafrika Ameisenhonig? Im australischen Outback. Eine hübsche Mutprobe ist auch der Sourtoe-Cocktail, den Sie in Dawson City, Kanada bestellen können: Beim Trinken muss der mumifizierte Zeh darin Ihre Lippen berühren. Wenn Sie ihn allerdings versehentlich schlucken, müssen Sie nach Ihrem Tod einen neuen spenden.

»Ein interessantes, amüsant geschriebenes Buch. Es zeigt all jenen, die nicht die Gelegenheit haben, die ganze Welt zu bereisen, weltweit kulinarische Köstlichkeiten.« (Rudolf Prasch, Alte Münze, Graz)